体育运动

速度滑冰 花样滑冰
SUDU HUABING / HUAYANG HUABING

主编 张强 岳言
苏晓明 勾晓秋

走进**大自然**
走到**阳光**下
养成**体育锻炼**好习惯

吉林出版集团股份有限公司 全国百佳图书出版单位

图书在版编目（CIP）数据

速度滑冰 花样滑冰 / 张强等主编.—长春：吉林出版集团股份有限公司，2011.6（2024.1 重印）
ISBN 978-7-5463-5712-6

Ⅰ.①速… Ⅱ.①张… Ⅲ.①速度滑冰—青年读物②花样滑冰—青年读物 Ⅳ.①G862-49

中国版本图书馆 CIP 数据核字（2011）第 117605 号

速度滑冰 花样滑冰

主编	张强　岳言　苏晓明　勾晓秋
责任编辑	李婷婷
出版发行	吉林出版集团股份有限公司
印刷	三河市同力彩印有限公司
版次	2011 年 7 月第 1 版　2024 年 1 月第 9 次印刷
开本	787mm×1092mm　1/16　印张 10　字数 100 千
地址	吉林省长春市福祉大路 5788 号　邮编 130000
电话	0431-81629968
电子邮箱	11915286@qq.com
书号	ISBN 978-7-5463-5712-6
定价	45.80 元

版权所有　翻印必究
如有印装质量问题，请寄本社退换

《体育运动》编委会

主　　任　宛祝平

编　　委　支二林　方志军　王宇峰　王晓磊　冯晓杰
　　　　　田云平　兴树森　刘云发　刘延军　孙建华
　　　　　曲跃年　吴海宽　张　强　张少伟　张铁民
　　　　　李　刚　李伟亮　李志坚　杨雨龙　杨柏林
　　　　　苏晓明　邹　宁　陈　刚　岳　言　郑风家
　　　　　宫本庄　赵权忠　赵利明　赵锦锦　潘永兴

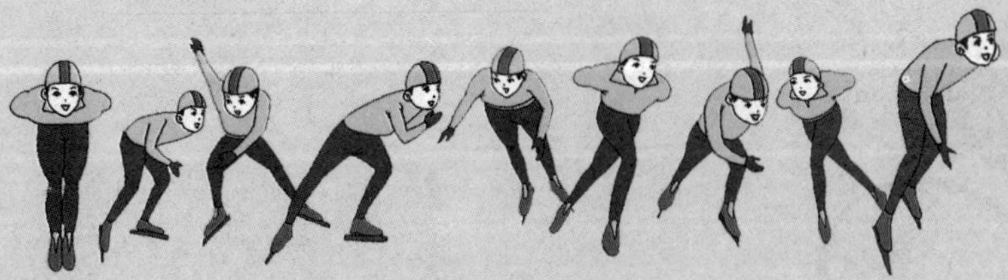

目录 CONTENTS

速度滑冰

第一章 运动保护
    第一节 生理卫生..................2
    第二节 运动前准备................3
    第三节 运动后放松................9
    第四节 恢复养护..................11

第二章 速度滑冰概述
    第一节 起源与发展................14
    第二节 特点与价值................16

第三章 速度滑冰场地、器材和装备
    第一节 场地......................20
    第二节 器材......................22
    第三节 装备......................23

第四章 速度滑冰基本技术
    第一节 陆地模仿..................28
    第二节 熟悉冰性..................36
    第三节 直道技术..................39
    第四节 弯道技术..................51
    第五节 起跑与冲刺技术............62

第五章 速度滑冰基础战术
    第一节 短道速滑战术..............68

目录 CONTENTS

第二节 接力战术..................69
第六章 速度滑冰比赛规则
  第一节 程序....................72
  第二节 裁判....................73

花样滑冰

第七章 花样滑冰概述
  第一节 起源与发展..............78
  第二节 特点与价值..............80
第八章 花样滑冰场地、器材和装备
  第一节 场地....................84
  第二节 器材....................84
  第三节 装备....................87
第九章 花样滑冰基本技术
  第一节 滑行....................90
  第二节 步法...................101
  第三节 急停...................107
  第四节 跳跃...................110
  第五节 旋转...................117

第十章 双人花样滑冰技术

第一节 联结方式 122

第二节 托举动作 128

第三节 捻转托举 133

第四节 抛跳 135

第五节 螺旋线 137

第六节 双人旋转 139

第十一章 花样滑冰比赛规则

第一节 程序 144

第二节 裁判 145

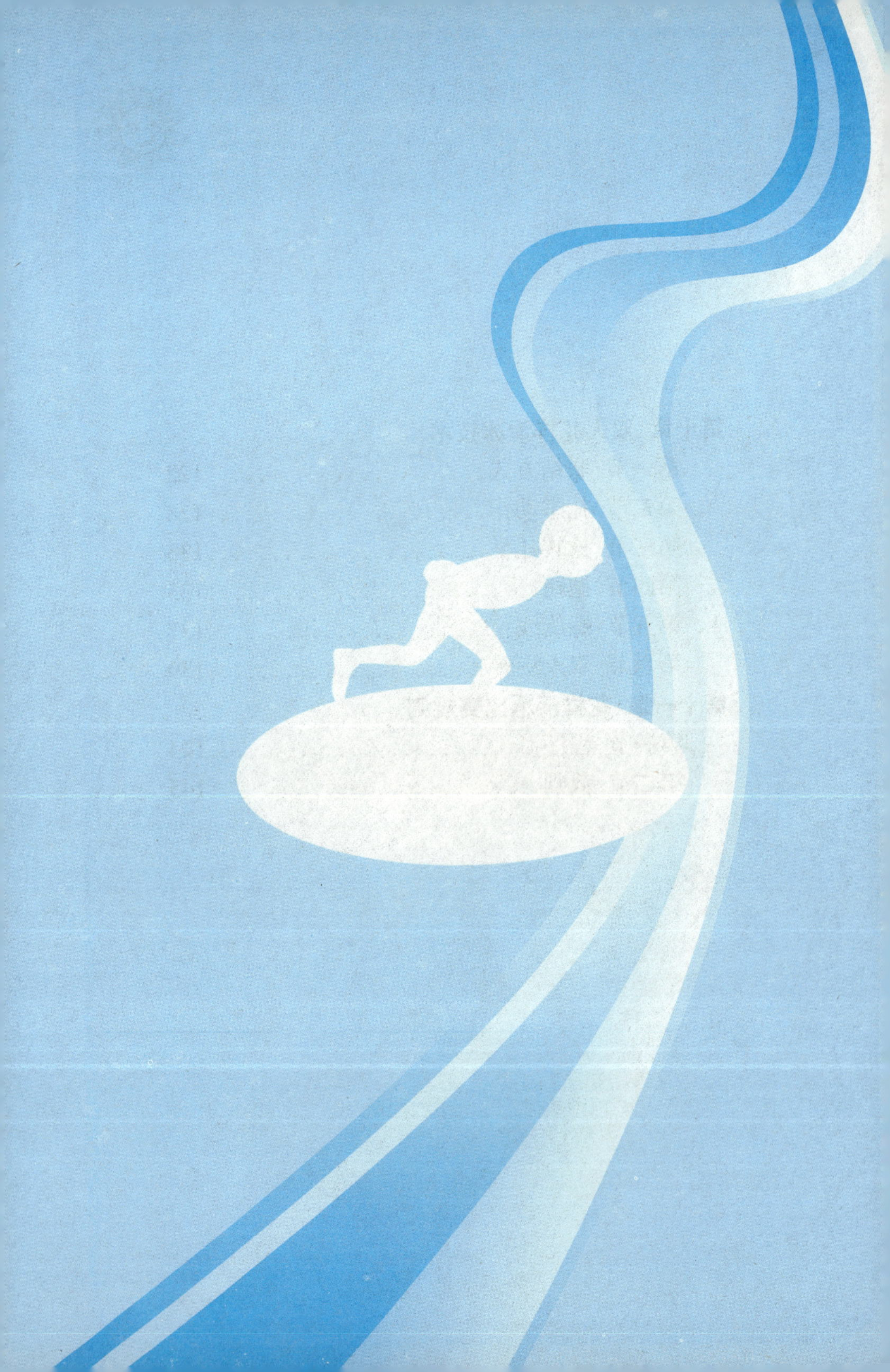

速度滑冰

第一章 运动保护

"生命在于运动",但是盲目、不科学的运动非但不能起到强身健体的作用,反而会给身体带来一定的伤害。只有掌握体育锻炼的一般性生理卫生知识,科学地进行体育锻炼,才能起到健身强体的作用。

第一节 生理卫生

青少年在进行体育运动时，除了应进行一般性的身体检查和必要的咨询外，还要注意培养运动兴趣和把握适当的运动强度。

一、培养运动兴趣

在进行体育运动前，必须培养自己对体育运动的兴趣。培养对兴趣的方法有很多，如观看体育比赛，与同学、朋友进行体育比赛等。有了浓厚的兴趣，就能自觉地投入体育运动之中，从而达到理想的体育锻炼效果。

二、把握运动强度

因为青少年进行体育运动，主要是在享受体育运动的过程中增强体质，提高健康水平，而不仅是为了创造运动成绩，所以运动强度不宜过大。控制运动强度最简单的办法是测定运动时的脉搏。对青少年来说，运动时的脉搏控制在每分钟140次左右较为合适。

第二节 运动前准备

运动前进行充分的准备活动，对于青少年来说是非常重要的。一些青少年体育运动爱好者，常常不重视运动前的准备活动，导致各种运动损伤，影响运动效果，也容易失去对体育运动的兴趣，甚至造成对体育运动的畏惧。因此，青少年在进行体育运动前，必须做好充分的准备活动。

一、准备活动的作用

运动前做好充分的准备活动能够对肌肉、内脏器官有很大的保护作用，同时还可以提前调节运动时的心理状态。

(一)提高肌肉温度，预防运动损伤

运动前进行一定强度的准备活动，不仅可以使肌肉内的代谢过程加强，温度增高，黏滞性下降，提高肌肉的收缩和舒张速度，增强肌力，同时还可以增加肌肉、韧带的弹性和伸展性，减少由于肌肉剧烈收缩而造成的运动损伤。

(二)提高内脏器官的功能水平

内脏器官的功能特点之一就是生理惰性较大，即当活动开始、肌肉发挥最大功能水平时，内脏器官并不能立刻进入最佳活

动状态。而充分的准备活动可以帮助内脏器官"热身",从而起到较好的调节和保护作用。

(三)调节心理状态

青少年进行体育锻炼不仅是身体活动,同时也是心理活动。研究证明,心理活动在体育锻炼中起着非常重要的作用。体育锻炼前的准备活动,可以起到心理调节的作用,即接通各运动中枢间的神经联系,使大脑皮层处于最佳兴奋状态。

二、如何进行准备活动

一般来说,准备活动主要应考虑内容、时间和运动量等问题。

(一)内容

准备活动可分为一般准备活动和专项准备活动。一般准备活动主要是一些全身性的身体练习,如跑步、踢腿、弯腰等。一般准备活动的作用在于提高整体的代谢水平和大脑皮层的兴奋状态,减少运动损伤的发生。专项准备活动是指与所从事的体育锻炼内容相适应的动作练习。

下面介绍一套一般性准备活动操,供青少年运动前使用。这套活动操主要包括头部运动、肩部运动、扩胸运动、体侧运动、体转运动、髋部运动和踢腿运动等。

1. 头部运动

头部运动的动作方法(见图 1-2-1)是：

两手叉腰，两脚左右开立，做头部向前、向后、向左、向右，以及绕环运动。

2. 肩部运动

肩部运动的动作方法(见图 1-2-2)是：

手扶肩部，屈臂向前、向后绕环，以及直臂绕环。

3. 扩胸运动

扩胸运动的动作方法(见图 1-2-3)是：

屈臂向后振动及直臂向后振动。

4. 体侧运动

体侧运动的动作方法(见图 1-2-4)是：

两脚左右开立，一手叉腰，另一臂上举，并随上体向对侧振动。

5. 体转运动

体转运动的动作方法(见图 1-2-5)是：

两脚左右开立，两臂体前屈，身体向左、向右有节奏地扭转。

6. 髋部运动

髋部运动的动作方法(见图 1-2-6)是：

两脚左右开立，两手叉腰，髋关节放松，做向左、向右 360°旋转。

7. 踢腿运动

踢腿运动的动作方法(见图 1-2-7)是：

两臂上举后振，同时一腿向后半步，然后两臂下摆后振，同时向前上方踢腿。

速度滑冰花样滑冰

图 1-2-1

图 1-2-2

图 1-2-3

图 1-2-4

图 1-2-5

图 1-2-6

图 1-2-7

(二)时间和运动量

准备活动的时间和运动量随体育锻炼的内容和量而定,由于以健身为目的的体育运动量较小,因此准备活动的量也相对较小,时间也不宜过长,否则,还未进行体育锻炼身体就疲劳了。半小时的体育锻炼,准备活动时间一般以 10 分钟左右为宜。

第三节 运动后放松

进行剧烈的体育运动后，有些青少年习惯坐在地上，或是直接躺下来休息，认为这样可以快速消除疲劳。其实不然，这样做的结果不仅不能尽快地恢复身体功能，反而会对身体产生不良影响，正确的做法应该是运动后做一些整理活动，放松身体。

一、运动后整理活动的必要性

运动后的整理活动不但可以避免头晕等症状，还可以有效地消除疲劳。

（一）避免头晕

人体在停止运动后，如果停下来不动，或是坐下来休息，静脉血管失去了骨骼肌的节律性收缩，血液会由于受重力作用滞留在下肢静脉血管中，导致回心血量减少，心血输出量下降，造成暂时性脑缺血，出现头晕、眼前发黑等一系列症状，严重者甚至会出现休克。为了避免这些症状的发生，整理活动是非常必要的。

(二)消除疲劳

除了避免头晕等症状的发生,运动后的整理活动还可以改善血液循环状态,达到快速消除疲劳的目的。

二、放松方法

在运动后放松时,应注意以下几个问题:

(1)做一些放松跑、放松走等形式的下肢运动,促进下肢静脉血的回流,防止体育锻炼后心血输出量的过度下降;

(2)下肢活动后进行上肢整理活动,右臂活动后做左臂的整理活动,通过这种积极性休息,使身体功能得到尽快恢复;

(3)整理活动的量不要过大,否则整理活动又会引起新的疲劳;

(4)在进行整理活动时,应当保持心情舒畅、精神愉快。

第四节 恢复养护

人体在运动后，除采用休息和积极性体育手段加速身体功能的恢复外，还可以根据体育运动的特点，补充不同的营养物质，以尽快消除疲劳。

体育运动结束后，人体内会产生一种叫作乳酸的酸性物质，它的积累会造成肌体的疲劳，使恢复时间延长。所以，我们在体育运动后，应多补充一些碱性食物，如蔬菜、水果等，而动物性蛋白等肉类食品偏"酸"，在运动后的当天可适当减少摄入。

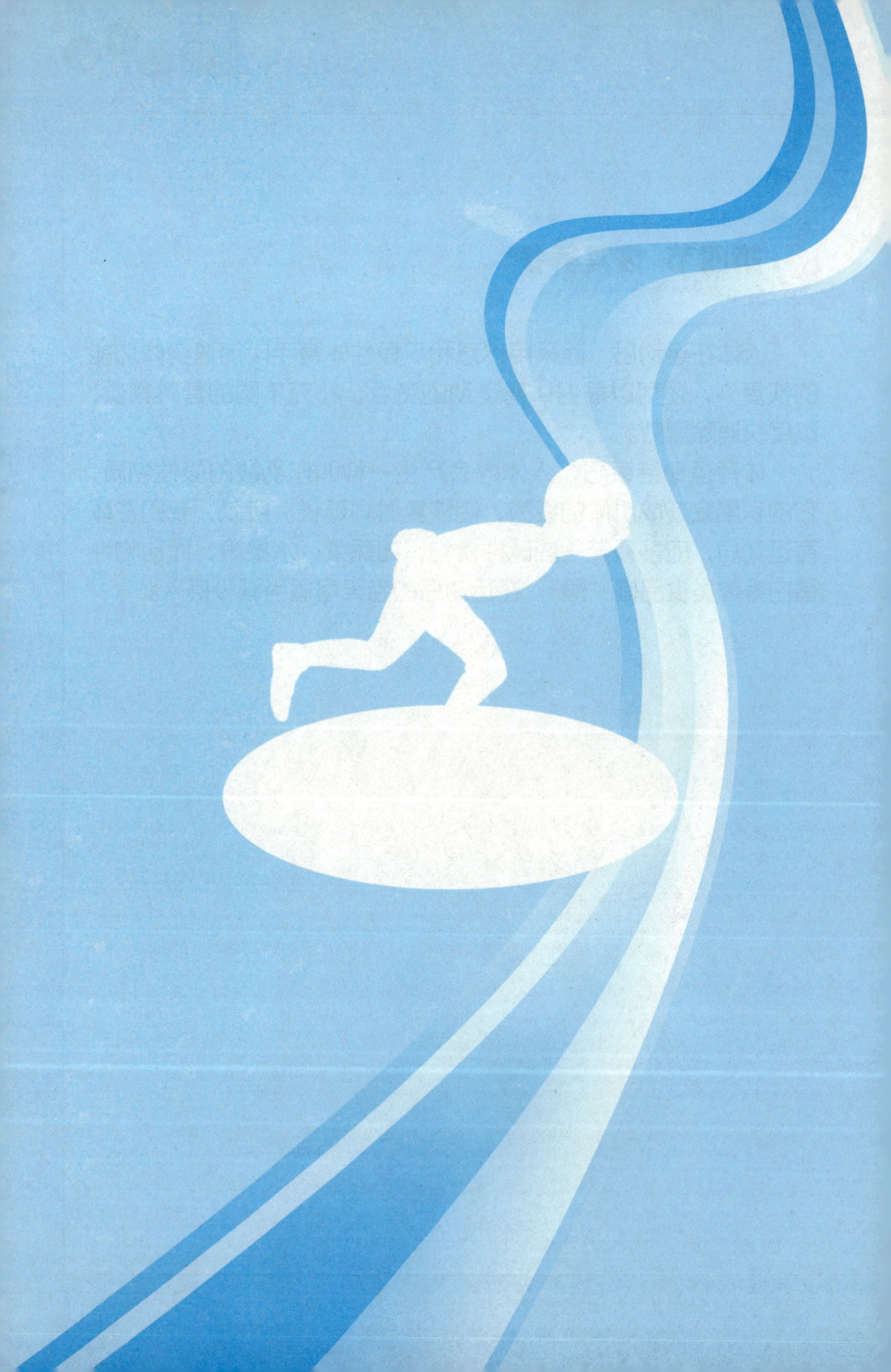

第二章 速度滑冰概述

速度滑冰，简称速滑，是滑冰运动中历史最为悠久、开展最为广泛的项目，它在世界各地有着广泛的群众基础和深厚的文化底蕴，深受世界各国人民的喜爱。本章主要介绍速滑运动的起源与发展，以及特点与价值。

第一节 起源与发展

随着社会经济的快速发展和大众对文化生活水平要求的不断提高，速滑运动越来越成为青少年喜爱的运动项目之一。

一、起源

在欧洲，关于滑冰最早的记述，是有一位荷兰滑冰者于公元936年在冰上遇害。后来在伦敦某地，人们曾挖掘出古代滑冰遗物——滑木，更证实了关于滑冰有很早起源的记载。

欧洲13世纪的绘画上，也出现过穿着用木头或骨头制的冰刀（见图2-1-1）在滑行的人像。

图 2-1-1

大约在1572年，北美地区的一个铁匠制成了第一副铁制冰刀，这种冰刀有锋利的内刃、外刃和弯曲的刀尖。

1850年，钢制冰刀问世，从此滑冰运动开始得到飞速的发展。

1902年，挪威人鲍尔森和哈根发明了长而锋利的速滑冰

刀——跑刀。这种冰刀在管状冰刀问世前，曾被广泛使用过。后来，挪威人在冰刀上加了一个刀管，这就基本上形成了今天普通的管状式速滑跑刀。挪威人这项发明对速滑技术的改进及成绩的提高有很大的帮助。

二、发展

1742年，世界上最古老的滑冰俱乐部在英国成立。

1763年2月4日，在英国首次举行了15千米速度滑冰赛。

1809年，英国出版了世界最早有关滑冰的书籍。

1814年，最早的滑冰比赛在英国举行。

1882年，在维也纳召开了有史以来的第一次国际滑冰会议，会议上正式确定滑冰比赛分速度滑冰和花样滑冰两大类，并制定了比赛规则。

1889年，在荷兰阿姆斯特丹举行了首次世界速滑冠军赛。当时，有荷兰、挪威、俄国等13个国家的选手参加比赛，俄国选手班申在三项比赛中胜了两项，并战胜了美国人顿诺吉，还有英国和荷兰的冠军。

1891年，在德国汉堡举行的速滑比赛中，第一次采用公制（米制）距离，因此这次比赛又被称为是首届世界冠军赛。

随着滑冰运动的日益普及和发展，1892年，在荷兰的阿姆斯特丹举行了各国滑冰协会代表参加的会议，荷兰、德国、奥地利、匈牙利、英国和瑞典等一些欧洲国家的16名代表出席。会上出席国家一致赞成筹备组织成立国际滑冰联盟，决定由联盟每年主办一届世界男子速滑锦标赛、欧洲男子速滑锦标赛以及世界

花样滑冰锦标赛和欧洲花样滑冰锦标赛。

　　同年5月，国际滑冰联盟（简称ISU）在荷兰正式成立。它是世界最早成立的国际单项体育组织之一，并得到国际奥委会的承认。

　　当今世界的速滑运动向着更高、更快、更强的方向发展，人们力求征服自然，在科学技术的帮助下向自身最大极限挑战。

三、大型赛事

　　速滑运动作为非常有影响力的冬季运动项目，在全球范围内有很多的大型赛事，如：

　　(1)冬季奥运会速滑比赛；
　　(2)世界速滑锦标赛；
　　(3)欧洲速滑锦标赛；
　　(4)亚洲速滑锦标赛；
　　(5)世界杯速滑锦标赛。

第二节 特点与价值

　　速滑运动在我国具有广泛的群众基础，有着竞争性强、观赏性强、速度快的特点，更有着体育锻炼和文化娱乐价值。下面我们将对此作以介绍。

一、特点

速滑运动的特点主要有速度快、竞争性强、观赏性强等几个特点。

(一)速度快

速滑运动中由于锻炼者脚穿冰刀,冰刀与冰面的摩擦阻力小,使得运动速度非常快。

(二)竞争性强

随着现代科技运用到比赛器材中,运动员之间的成绩已经相差无几,这就使得比赛竞争性增强。

(三)观赏性强

运动员的拼搏精神和科技含量的不断提高,使得速滑比赛越来越刺激,观赏性越来越强。

二、价值

速滑运动除具有很高的体育锻炼价值外,还具有文化娱乐价值。

(一)体育锻炼价值

1. 对心血管系统的作用

经常参加滑冰运动能显著增强人的心血管功能。据测定，速滑运动员的心脏比一般人的心脏每分钟跳动的次数要少，经常参加速滑锻炼的人，一生心脏跳动的次数要比正常人少两亿次。这是心脏功能强大的体现。

2. 对呼吸系统的作用

绝大多数滑冰爱好者均在室外进行活动，因此能够呼吸大量新鲜空气，促进新陈代谢，改善血液中的氧供应，不断地增强呼吸系统功能，有益健康。

3. 对神经系统的作用

在衡量一个人体质好坏时，不仅要看其身体各个器官的发育情况，还要看其身体对外界的适应能力，适应能力包括耐寒和耐热能力。参加速滑运动的人，由于经常与严寒冰雪打交道，所以会具备很好的神经系统调节能力。

(二)文化娱乐价值

速滑运动不仅对强身健体有好处，而且还可以培养锻炼者的意志品质，也是促进友谊，拓展交际范围的有效手段。

第三章 速度滑冰场地、器材和装备

　　当我们想要进行一项运动锻炼的时候，首先要对这项运动的场地、器材以及装备加以了解。速滑运动的场地要求相对特殊，器材和装备也相对较多，本章将对此作以介绍。

第一节 场地

速度滑冰场地有天然冰场、人工浇灌冰场、人工制冷冰场等。

一、规格

比赛在周长 400 米的跑道上进行。跑道由 2 条直线和 2 条 180 度的弧线连接而成，分内、外两道，道宽 5 米。内跑道的内圈半径为 25 米，外跑道的内圈半径为 30 米。比赛时每组 2 人，同时滑跑，每滑 1 圈交换 1 次内、外道（见图 3-1-1）。

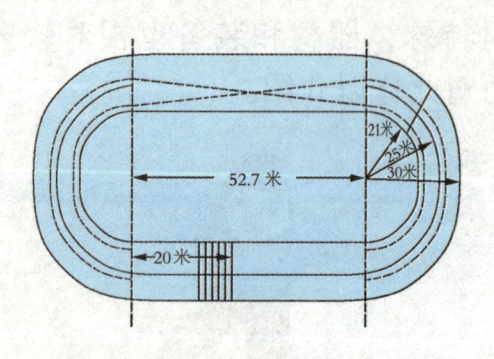

图 3-1-1

二、设施

速滑比赛中的设施相对简单，场上的标记物也是可以变动的。下面我们就此作以详细介绍：

(一)起跑线和终点线

所有场地使用一条终点线，起跑线和终点线是与直道成直角的彩色线，彩色线的宽度不超过 2 厘米。

(二)起跑标记物

从场地内侧 50 厘米起，每隔 1 米用直径 2 厘米的圆点标志起跑位置。跑道采用国际滑联短道速度滑冰技术委员会设计批准的跑道标志物块，每条弯道设置 7 块。

(三)防护垫和挡板

速度滑冰比赛时，需使用防护垫遮住挡板板墙。防护垫由聚氨酯泡沫材料（中或高密度）制成，至少厚 15 厘米，最低高度 1 米，必须能遮住板墙。同时使用最低高度为 0.5 米的半高防护垫，安放在全高防护垫的前部。防护垫须包以耐水、耐切割的面料，一个接一个地连在一起并附着在板墙上。防护垫的重量必须压在冰面上。最初申请举办国际滑联锦标赛时，举办者必须递交技术说明，包括材料的性质及放置冰场板墙软垫的图样。

(四)电动计时设备

国际滑联锦标赛、奥林匹克冬季运动会和奥运会资格赛，应该使用可以产生终点图像和运动员滑跑时间的电动计时设备，计时单位为千分之一秒。

三、条件

（1）选择和利用天然冰场时，要选背风、冰面光滑、水位较浅的地方；

（2）选择人工浇灌冰场时，要选择阳光充足、空气新鲜、地势平坦、水源充足的地方；

（3）室内速滑冰面温度规定在 −10℃～−15℃，冰面要经过冰车打磨抛光，以免冰刀受损，发生安全事故。

第二节 器材

冰刀是速滑运动中主要的器材，但由于速滑运动是在速度较快的过程中且室温较低的情况下进行的，对冰鞋也有较高的要求。

一、冰刀

（1）速滑冰刀是由刀刃、刀身管、前小刀托、前大刀托、前托盘、后大刀托和后托盘等部分构成的；

（2）冰刀刀身长，刀刃窄，刀刃中部略有弧度（见图 3-2-1）。

二、冰鞋

（1）速滑冰鞋多用牛皮、猪皮制作而成（见图 3-2-1）；
（2）冰刀要尽量适合脚型，鞋底要窄，鞋尖处要略松一些。

图 3-2-1

第三节 装备

由于速滑运动是在速度较快的过程中且室温较低的情况下进行的，所以除了对冰刀和冰鞋的要求以外，对速滑服装、头盔及手套和耳包也有一定的要求。

一、速滑服装

根据速滑运动的特点，速滑服装应具有紧身、轻便、保暖等特点。目前，运动员在冰上训练时，多穿尼龙丝织成的连体服。这种衣服有利于减少空气阻力，也更加保暖（见图 3-3-1）。

图 3-3-1

二、头盔

头盔是速滑比赛中不可缺少的比赛护具，它不仅有御寒的功能，还可以保护运动员头部不受伤害。短道速滑安全头盔应符合现行的国标标准，头盔形状必须规则，不能有突起（见图3-3-2）。

图 3-3-2

三、手套和耳包

滑冰时要注意对手和耳朵的保护，要戴比较保暖的手套和耳包（见图3-3-3）。

图 3-3-3

四、注意事项

初学者一般认为滑冰应该穿上厚厚的棉袜以免脚部冻伤,其实这样做是错误的。滑冰应该穿着普通的绒袜或尼龙袜,因为冰鞋很窄,若穿着厚棉袜,会影响脚趾的活动,使血液循环不畅。

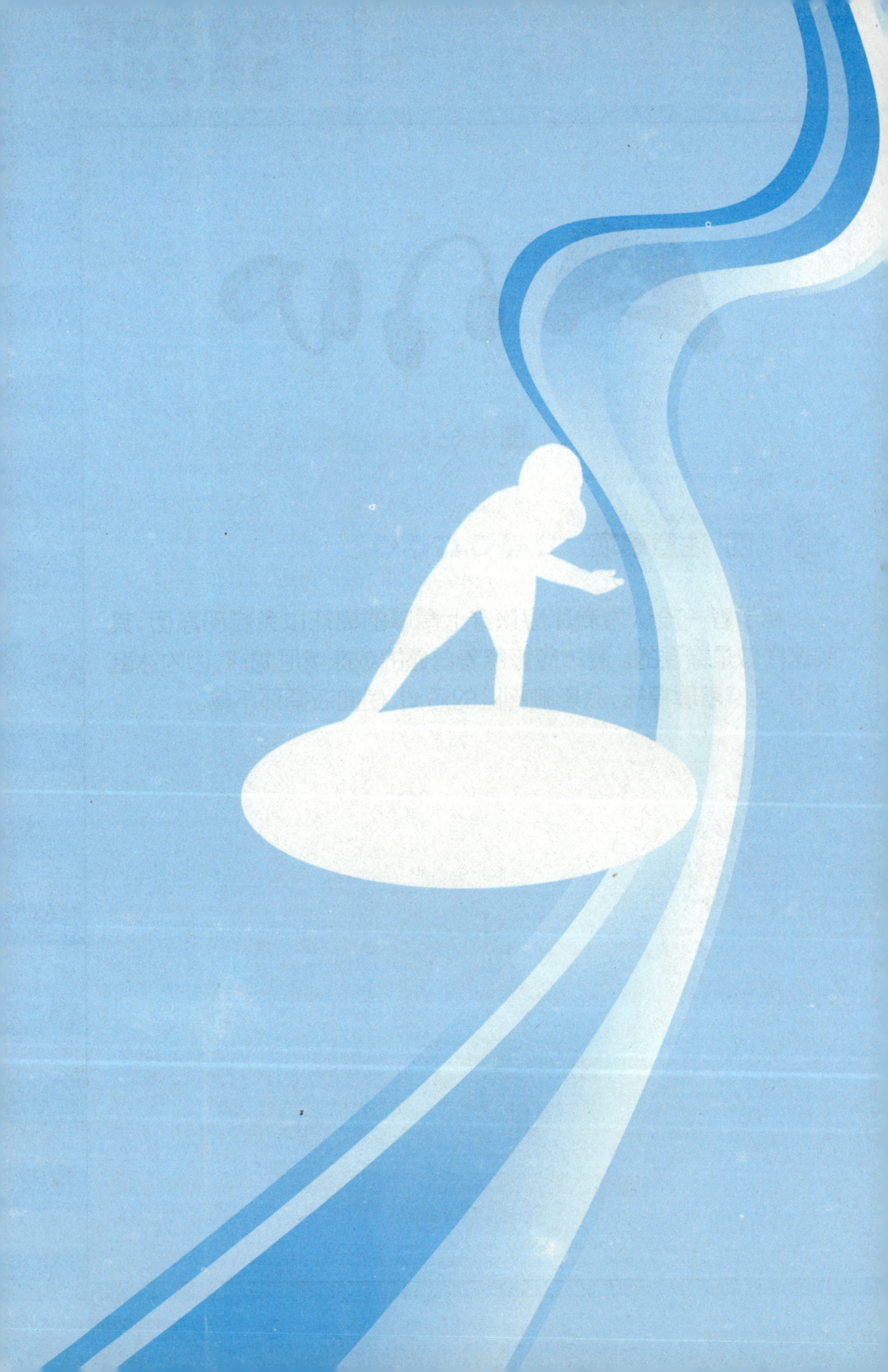

第四章 速度滑冰基本技术

速度滑冰基本技术，是指速滑运动员为在全程各区段达到最佳速度所需要的各项运动动作的总和，它是学好速度滑冰的前提。基本技术包括陆地模仿、熟悉冰性、直道技术、弯道技术和起跑与冲刺技术等。

第一节 陆地模仿

为了更好地掌握速度滑冰姿势,首先应做好陆地模仿练习,包括基本姿势、侧蹬收回、单脚支撑、重心移动、侧蹬后引收腿、摆臂练习、台阶弯道练习、侧倒练习、屈膝走练习、滑行练习、动作协调练习和侧向跨步跳练习等。

一、基本姿势

速度滑冰运动员采用减小阻力和提高动力的特殊滑跑姿势来从事运动。在滑行的各个不同阶段中,虽然身体姿势有所不同,但基本特点保持不变。滑行时,上体应倾至几乎与冰面平行或肩背略高于臀部,与冰面成 10°～25° 角,呈背弓的流线型姿势,这样能够减少空气阻力,使动作自如,有效发挥出蹬冰力量。

基本姿势包括原地姿势和滑跑姿势等。

(一)原地姿势

原地姿势的动作方法(见图 4-1-1)是:
(1)上体前倾,肩略高于臀,目视前方 6～7 米处;
(2)两脚平行,屈膝,重心在两脚之间。

图 4-1-1

(二)滑跑姿势

滑跑姿势的动作方法(见图 4-1-2)是：
(1)取相对较低的姿势，上体自然放松，抬头平视前方；
(2)身体各部分向重心方向倾斜，团身；
(3)躯干与水平线的夹角为 15°，踝关节角度为 50°～70°，支撑腿膝关节的弯曲角度为 15°～30°。

图 4-1-2

二、侧蹬收回

侧蹬收回练习常用于锻炼大腿内收肌，培养冰上侧向用力的习惯，动作方法(见图 4-1-3)是：

(1)由原地基本姿势开始；
(2)一条腿侧蹬,另一条腿按原姿势支撑身体；
(3)收回侧蹬腿呈原姿势,再换另一腿；
(4)交替练习,重心反复移动。

图 4-1-3

三、单脚支撑

单脚支撑练习常用于提高冰上单脚支撑的能力,发展腿部力量,动作方法(见图 4-1-4)是：
(1)由原地基本姿势开始；
(2)将一腿后引,另一腿按原姿势支撑身体；
(3)收回后引腿呈原姿势,再换另一腿；
(4)两脚交替进行,注意保持重心稳定。

图 4-1-4

四、重心移动

重心移动练习常用于体会身体重心的平稳移动,动作方法(见图 4-1-5)是:

(1)从原地侧蹬姿势开始;
(2)重心移到侧蹬腿上,使原支撑腿变为侧蹬腿;
(3)交替练习,重心反复移动,上体不要起伏。

图 4-1-5

五、侧蹬、后引、收腿

侧蹬、后引、收腿练习常用于体会单步滑行时的腿部动作,动作方法(见图 4-1-6)是:

(1)原地静蹲;
(2)做侧蹬、后引、收回练习,脚走的路线呈三角形;
(3)收腿时,大腿带动小腿,不要翻肩。

图 4-1-6

六、摆臂练习

摆臂练习的动作方法（见图 4-1-7）是：
(1) 做预备姿势；
(2) 两臂前后摆动，前摆手臂自然弯曲，不能摆过身体中线，后臂要伸直。

图 4-1-7

七、台阶弯道练习

台阶弯道练习常用于体会弯道时的双腿配合，有助于发展左

支撑腿的力量,动作方法(见图4-1-8)是:

(1)身体左侧对着台阶,上体略前倾,两腿略屈;

(2)左腿支撑身体向左侧倾倒,右腿向左腿侧前方摆动,同时左腿向右侧方蹬直,左腿再向上一台阶迈进;

(3)注意要用大腿带小腿,身体不要过大起伏;

(4)左腿在前时,注意头与左膝、踝保持三点一线,右腿在前时,注意头与右膝、踝保持三点一线。

图 4-1-8

八、侧倒练习

侧倒练习常用于体会重心移动倾倒、迅速承接体重的感觉,并能逐渐克服冰上移动的惧怕心理,动作方法(见图4-1-9)是:

(1)由原地基本姿势开始,上体向右侧倾倒;

(2)身体平衡被打破后,重心难以支撑身体时,右脚向右迈出一步,左腿蹬直,身体重心落在右腿上,呈左腿侧蹬姿势;

(3)收回左腿,再向左侧做相同动作;

(4)反复练习,注意身体重心平稳、不起伏,身体始终同时移动。

图 4-1-9

九、屈膝走练习

屈膝走练习常用于基础机能训练,动作方法(见图 4-1-10)是:

(1)由原地基本姿势开始;

(2)一腿向前迈出半步,同时身体重心向前跟上,呈弓步单脚支撑;

(3)另一腿在体后,大腿与地面基本垂直,小腿与地面基本平行;

(4)后退的大腿带动小腿前提,经重心后,继续向前迈半步使重心前移,又一次呈弓步单脚支撑,两脚交替进行。

图 4-1-10

十、滑行练习

滑行练习常用于提高蹬冰力量，并改善肌肉的放松能力，动作方法（见图4-1-11）是：

(1) 由原地基本姿势开始，左腿做侧蹬、后引、收回动作；

(2) 当左腿收至原位置时，继续前提，右腿向左前侧方迅速蹬直，使左腿落在原位的左前方支撑身体，重心落在左腿上；

(3) 右腿的大腿带动小腿，收至两腿靠拢时，左腿再迅速向右前侧方蹬直，重心落在右腿上；

(4) 两腿交替进行，形成陆地的滑步行进动作。

图4-1-11

十一、动作协调练习

动作协调练习常用于加强上下肢的配合协调能力，动作方法是：

(1) 在原地侧蹬收回练习的基础上，加摆臂动作；

(2) 掌握动作后，加快频率，增加动作的协调性。

十二、侧向跨步跳练习

侧向跨步跳练习常用于增加腿部力量,动作方法是:

(1)从原地基本姿势开始;

(2)左腿上提至胸前,然后向左侧跨步;

(3)同时,右脚用内脚掌向左侧上方蹬离地面,重心随之落到左腿上;

(4)右腿随之收到胸前,再向右侧跨步,重复练习。

第二节 熟悉冰性

熟悉冰性即体验自身在冰上滑行的感觉,掌握身体重心,并控制冰刀与冰面的接触能力,包括踏步练习、冰上基本姿势、移动重心、冰上摔倒、单蹬双滑、同蹬同收和冰上直线滑行分解动作等。

一、踏步练习

原地踏步的动作方法是:

(1)站立时两刀要平行,与肩同宽,用平刃支撑身体,重力压在脚后跟,做踏步动作;

(2)如果是室外冰场地,则在雪地中进行;如果是室内场地,则穿上刀套在陆地上进行。

二、冰上基本姿势

冰上基本姿势是：
(1)原地站立,下蹲,两臂自然下垂触及冰面,然后将双手背在后面；
(2)两肩平行于冰面,上体不要压得过低,目视前方；
(3)重心落在刀跟,否则刀会自然前滑。

三、移动重心

移动重心的动作方法是：
(1)保持基本姿势,向右移动重心,重心落在右脚,左脚尖点冰；
(2)向左移动重心至左脚,右脚尖点冰,反复交替练习。

四、冰上摔倒

冰上摔倒练习可用来防止冰上摔倒受伤,动作方法(见图4-2-1)是：
(1)摔倒前团身,屈腿,上身紧贴大腿,双手抱住小腿；
(2)向侧面主动摔倒。

图 4-2-1

五、单蹬双滑

单蹬双滑的动作方法（见图 4-2-2）是：

（1）由基本姿势开始，左腿前伸，同时右腿向侧蹬冰，并迅速将右腿跟上与左腿平行，形成双支撑滑行；

（2）为尽快熟悉冰性，提高支撑站立移位等动作能力，可配合进行冰上立正、略息、左右转、踏步走等队列变换练习。

图 4-2-2

六、同蹬同收

同蹬同收练习的动作方法（见图 4-2-3）是：

由基本姿势开始,两脚内刃同时向外用力蹬冰后,迅速收回,呈基本姿势。

图 4-2-3

七、冰上直线滑行动作分解

冰上直线滑行动作分解练习的动作方法是:

(1)在单蹬双滑的基础上,两臂下垂,滑行 10～15 米;

(2)身体重心尽量降低,做陆地模仿的侧蹬收回,侧蹬后呈双脚滑行;

(3)两脚交替进行,用力均匀,保证直线滑行,在蹬冰结束阶段,重心应落在支撑脚上;

(4)最初可用一把椅子辅助练习,即手扶椅子侧蹬、收回,推着椅子前进。

第三节 直道技术

直道技术是指在直道滑行过程中运用的技术动作,包括直道滑跑的阶段划分、直道滑跑技术、直道滑跑各部位的配合和直道滑

跑技术练习等。

一、直道滑跑的阶段划分

直道滑跑的基本动作由自由滑行和蹬冰滑行组成。运动员每做一系列动作后又回到原来的姿势，这一系列动作就构成了直道滑跑的一个周期。此周期包括两个滑步，一个滑步又分为两个时期（单支撑时期和双支撑时期），单支撑时期包括自由滑行和单支撑蹬冰两个阶段，双支撑时期就是双支撑蹬冰阶段（见表4-3-1、图4-3-1）。

动 作 时 期 (四个时期)			
单脚支撑	双脚支撑	单脚支撑	双脚支撑
动 作 阶 段 (六个阶段)					
---	---	---	---	---	---
自由滑进	单脚支撑蹬冰	双脚支撑蹬冰	自由滑进	单脚支撑蹬冰	双脚支撑蹬冰

	动 作 (十二个动作)					
左腿	自由滑进	单脚支撑蹬冰	双脚支撑蹬冰	收腿	摆腿	下刀
右腿	收腿	摆腿	下刀	自由滑进	单脚支撑蹬冰	双脚支撑蹬冰

分 界 姿 势 时 机						
右刀离冰	稳重心开始	右刀着冰	右刀离冰	稳重心开始	右刀着冰	右刀离冰

表 4-3-1

图 4-3-1

二、直道滑跑技术

直道滑跑技术包括蹬冰动作、收腿动作、单支撑蹬冰动作、摆腿动作(着冰动作)、双支撑蹬冰动作和惯性滑进动作等。

(一)蹬冰动作

蹬冰是滑跑的原动力,包括蹬冰方向、出刀角(落刀脚)、蹬冰角、蹬冰力和蹬冰距离等要素。

1. 蹬冰方向

蹬冰时,用力方向应与冰刀相互垂直,即向滑进方向的侧后方蹬冰,使身体重心支点在侧前方,形成稳固的支点。

2. 出刀角(落刀脚)

出刀角是指蹬冰结束的腿收回后,准备着冰时刀尖的外转角。为了保持直线滑跑,使力不至于分解,应尽量减小出刀角。

3. 蹬冰角

蹬冰角即蹬冰刀面与冰面的夹角,它与身体重心横向移动的大小有关(重心移动大,蹬冰角小;重心移动小,蹬冰角大)。

4. 蹬冰力

蹬冰力量越大,滑进的速度越快。

5. 蹬冰距离

蹬冰距离越大,滑进的速度越快。蹬冰距离与膝关节蹲屈度成正比,与蹬冰角成反比。

(二)收腿动作

蹬冰腿完成蹬冰动作后,伸直所有的关节,离开冰面成为浮腿,此时开始收腿,动作方法(见图4-3-2)是:

(1)浮腿的小腿与冰面平行,大腿带动小腿自然前摆、低收;

(2)当腿收到身体中轴线时,收腿结束。

图 4-3-2

(三)单支撑蹬冰动作

单支撑蹬冰动作从开始侧向移重心起,到浮腿冰刀着冰前止,可用来加大蹬冰时的水平分力,动作方法(见图4-3-3)是:

(1)由原地基本姿势开始,将一腿后引,另一腿按原姿势支撑身体;

(2)收回后引腿成原姿势,再换另一腿做;
(3)两脚交替进行,注意保持重心稳定。

图 4-3-3

(四)摆腿动作(着冰动作)

摆腿动作主要用于帮助加速身体重心的移动,增强蹬冰腿的蹬冰力量,并准确找到着冰点,动作方法(见图 4-3-4)是:

(1)收腿动作结束后,浮腿的大腿带动小腿,加速摆到身体重心移动方向的侧前方,带动蹬冰腿快速蹬冰;

(2)在蹬冰腿结束蹬冰动作的同时,迅速将重心移到着冰腿上;

(3)摆腿时应控制浮腿的位置,浮腿的大腿应位于胸下,着冰时应用平刃以减少阻力,保持平衡。

图 4-3-4

043

（五）双支撑蹬冰动作

双支撑蹬冰从浮腿着冰开始,到蹬冰腿离开冰面前结束,动作方法（见图4-3-5）是：

（1）浮腿着冰后（浮腿下刀的外转角应尽量小），蹬冰腿继续伸展,两腿同时在冰面上蹬冰；

（2）同时,身体重心逐渐过渡到着冰的浮腿上,使浮腿成为支撑腿并控制冰刀滑进的方向。

图 4-3-5

（六）惯性滑进动作

惯性滑进动作是指浮腿收回变为支撑腿,借助蹬冰腿蹬冰的惯性,单腿支撑的滑行动作,动作方法（见图4-3-6）是：

（1）浮腿的大腿垂直向下,小腿与冰面平行,冰刀垂直于冰面,保持平衡状态滑行；

（2）浮腿收回靠近支撑腿脚跟处；

（3）滑行中各关节应尽量弯曲。

侧面

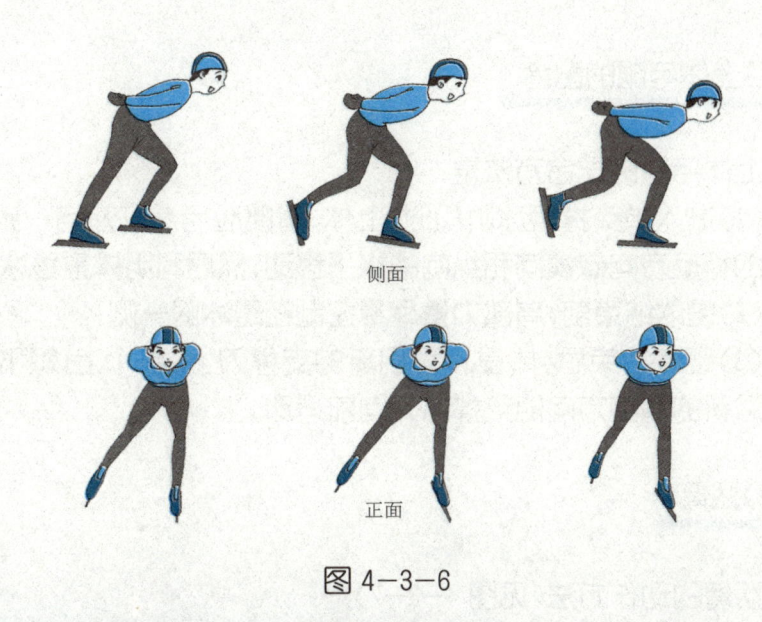

正面

图 4-3-6

三、直道滑跑各部位的配合

直道滑跑各部位的配合包括两腿的配合、上体与腿的配合、摆臂和臂与腿的配合等。

(一)两腿的配合

两腿配合时,每条腿依次做自由滑行、单支撑蹬冰、双支撑蹬冰、收浮腿、摆浮腿和下刀,动作方法是:

(1)左腿支撑身体做惯性滑进,同时右腿做收腿动作;
(2)左腿做蹬冰动作,右腿配合做着冰动作。

(二)上体与腿的配合

上体与腿的配合方法是:
(1)进入单支撑蹬冰阶段时,上体、臀部应与滑跑方向一致,向蹬冰的相反方向做横向和纵向的水平移动,然后利用体重蹬冰;
(2)蹬冰结束前,肩部力量尽量控制在蹬冰腿一侧;
(3)蹬冰结束后,体重转移到新的支撑刀上,整个上体和臀部开始沿新的滑跑方向随支撑冰刀向前运动。

(三)摆臂

摆臂的动作方法(见图4-3-7)是:
(1)向身体重心移动的方向摆臂,这样可以加快重心的移动,增加蹬冰力量,提高滑跑频率;
(2)在摆臂过程中,左臂呈直臂从后外侧高点向前内侧方向回摆经下垂点时,向右前方做略屈摆至前高点,一般不超过身体中心线;
(3)右臂从前高点做伸臂摆到下垂点时,呈直臂摆到右后上方至最高点,一般应与肩齐平或略高于肩;
(4)在中长距离滑跑中,为节省体力可采用背手的方法,即两臂伸直内旋,大臂紧贴身体,两手紧贴腰部,两手互握;
(5)摆臂时,支撑腿应位于胸的正下方,膝、脚、鼻在一直线上。

侧面

正面

图 4-3-7

(四)臂与腿的配合

摆臂的力量和幅度要与腿部动作一致,方法是:

(1)在整个蹬冰过程中,两臂从下垂点各向上加速摆起,一臂摆到前最高点时,另一臂摆至后高点;

(2)当一腿收腿,另一腿单支撑滑进动作时,两臂从前高点和后高点下落回摆;

(3)当浮腿着冰,支撑腿开始蹬冰时,两臂开始上摆;

(4)摆臂一般领先于腿部动作,只有当腿部动作快时,臂与腿才同步运动。

四、直道滑跑技术练习

直道滑跑技术练习包括辅助练习、冰上摆臂练习、冰上蹲屈侧蹬收腿练习、左右腿交替侧蹬练习、侧蹬收腿连贯滑行练习和冰上停止法等。

(一)辅助练习

包括单支撑蹲起和屈走等。

1. 单支撑蹲起

单支撑蹲起的动作方法(见图4-3-8)是：

(1)从单支撑后引姿势开始；

(2)支撑腿蹬起，后引腿向胸部提拉，两腿交替进行。

2. 屈走

屈走的动作方法(见图4-3-9)是：

(1)在基本姿势的基础上，左腿向前迈半步，重心跟上，呈左脚支撑，右腿放松；

(2)左右交替进行，注意支撑腿膝盖要前弓，重心落在支撑腿上。

图 4-3-8

图 4-3-9

(二)冰上摆臂练习

为使直线滑跑动作协调有力,应进行摆臂练习,动作方法是:在冰上呈基本姿势,有节奏地进行摆臂。

(三)冰上蹲屈侧蹬收腿练习

冰上蹲屈侧蹬收腿练习的动作方法是:
配合摆臂侧蹬收腿,双脚支撑滑行,滑行阶段双臂下垂。

(四)左右腿交替侧蹬练习

左右腿交替侧蹬练习的动作方法是:
(1)双手下垂自然滑进,两腿交替蹬冰,蹬冰方向尽量向体侧;
(2)为提高腿部蹬冰力量,可以推着椅子滑跑。

(五)侧蹬收腿连贯滑行练习

侧蹬收腿连贯滑行练习的动作方法是:

从滑跑姿势开始,双腿交替侧蹬,并使浮腿慢慢地以最短线路收向支撑腿,然后靠近支撑腿。

(六)冰上停止法

初学者学到一定程度,要学会冰上停止法,包括犁式停止法、转体停止法和右(左)刀外刃停止法等。

1. 犁式停止法

犁式停止法是最简单的停止法,动作方法(见图4-3-10)是:

滑行中重心后移,向后坐,两膝内扣,刀跟向外分开,用两刀跟内刃擦冰面停止。

2. 转体停止法

转体停止的动作方法(见图4-3-11)是:

滑行中身体向右或向左转体,同时重心后移,用右刀外刃、左刀内刃后跟部压冰面停止。

3. 右(左)刀外刃停止法

右(左)刀外刃停止法比较复杂,但最为有效,动作方法是:

滑行中身体向右或向左转体,同时重心后移,一脚抬起,一脚外刃后跟部擦冰面停止。

图4-3-10

图 4-3-11

第四节 弯道技术

弯道滑跑属圆周运动，必然会产生离心力，所以，身体必须向内倾斜以产生向心力来克服离心力。弯道半径越小，滑行速度越快，离心力就越大，身体向内倾斜的程度就必须随之增大，因此，在弯道滑跑时，必须处理好身体倾斜度、滑跑速度和弯道半径之间的关系，这是弯道滑跑的关键。弯道技术包括弯道动作和技术练习等。

一、弯道动作

弯道动作包括进弯道、左腿单支撑蹬冰、右腿收腿、右脚落刀、双支撑阶段的左腿蹬冰、左腿收腿、右腿单支撑蹬冰、左脚落刀、双支撑阶段的右腿蹬冰和出弯道等。

（一）进弯道

直道滑行结束时，进入弯道的第一步要控制住离心力，建立合

适的蹬冰动作,并保持速度,这对整个弯道的连贯顺利有重要意义,动作方法(见图 4-4-1)是:

(1)首先选好入弯道点,一般是左脚蹬冰,且在直弯道交界线前完成蹬冰,右脚冰刀在离雪线(标志块)0.5~1 米处滑入弯道;

(2)左脚冰刀迅速以全外刃沿弧线的切线方向着冰,刀尖方向朝前,下刀动作果断,身体重心落在左腿上,上体向左内倾斜,注意保持头、膝、左刀三点一线,切忌向内摆臂。

图 4-4-1

(二)左腿单支撑蹬冰

左腿单支撑蹬冰的动作方法(见图 4-4-2)是:

(1)进入弯道,重心落在左腿上,右脚抬起,左腿开始蹬冰,直到右腿着冰;

(2)在右腿收起之前,左腿就应该有早蹬的意识,这是因为左腿的弯道蹬冰方向不是在髋部侧方,而是在身体下方向右髋方向蹬,需髋、膝有较好的柔韧性。

图 4-4-2

(三)右腿收腿

右腿收腿的动作方法(见图 4-4-3)是：

(1)左腿开始蹬冰时,右腿已抬起成为浮腿,并且悬浮于身体右侧,膝部略屈；

(2)收右腿时,刀跟提起,刀尖向下,贴近冰面,小腿肌肉适当的放松,在重力和大腿内收肌的作用下,右腿大腿带动小腿,开始向左腿的右前方加速摆动；

(3)前摆时右腿向前送,使刀尖又向下逐渐转为与冰面平行；

(4)摆至交叉后,当右脚的冰刀位于左刀前方左侧时着冰,完成右腿的收腿动作。

图 4-4-3

(四)右脚落刀

右脚落刀的动作方法(见图 4-4-4)是:
右腿收回至左腿的左前方,应以内刃着冰,并沿弯道弧线平行的方向滑行。

图 4-4-4

(五)双支撑阶段的左腿蹬冰

当右脚着冰后,形成两腿着冰的双支撑阶段,此时左腿开始蹬冰,动作方法(见图 4-4-5)是:

(1)左腿向外侧蹬冰,重心落在右腿上,左腿蹬冰结束时落在右刀的右后方,呈交叉步的姿势;

(2)当踝关节充分展直后,蹬冰结束。

图 4-4-5

(六)左腿收腿

左腿蹬冰结束后，离开冰面成为浮腿并开始收腿，动作方法（见图4-4-6）是：

（1）以大腿带动小腿，屈踝将刀尖抬起，膝盖领先，向支撑腿靠近；

（2）收腿动作和身体倾斜度要一致，这样有助于移动重心，增加蹬冰力量。

图 4-4-6

(七)右腿单支撑蹬冰

右腿单支撑蹬冰的动作方法（见图4-4-7）是：

（1）左腿开始摆动时，右腿正在沿着弯道弧切线方向滑行，并逐渐离开雪线（标志块），但身体重心沿着另一个切线方向移动；

（2）冰刀与身体重心运动的方向不同，此时最有力的蹬冰动作是，摆动腿与蹬冰腿交叉时髋关节和膝关节积极伸直。

图 4-4-7

(八)左脚落刀

左腿收回后开始下刀,动作方法(见图 4-4-8)是:
(1)尽量贴近右脚内侧,以外刃着冰;
(2)刀尖首先触冰,然后迅速过渡到全刀着冰,使刀尖偏离雪线(标志块)向右;
(3)保持左腿及整个身体向左倾斜。

图 4-4-8

(九)双支撑阶段的右腿蹬冰

左腿着冰时,右腿冰刀与其成一定角度并略靠后形成双支撑,

此时右腿蹬冰,动作方法(见图4-4-9)是:

(1)左腿向冰面倾斜,身体重心向左腿移动,右腿边蹬冰边滑行;

(2)左冰刀尖外转,迫使右腿积极伸直,否则会失去支撑;

(3)迅速完成右腿蹬冰的最后用力动作,踝关节积极伸直后蹬冰结束。

图4-4-9

(十)出弯道

经过左右腿多次交替蹬收,弯道滑行完成后开始出弯道,动作方法(见图4-4-10)是:

(1)弯道滑跑的最后一步,左腿冰刀用外刃在身体重心投影处着冰;

(2) 右腿完成蹬冰动作后，左腿冰刀变为内刃，同时右腿收回到中心面；

(3) 接着左腿蹬冰动作开始，右腿摆动并前提，用平刃或外刃在身体中心投影处着冰，进入直道滑跑；

(4) 上体要与直道方向一致，左腿完成最后一次蹬冰后直接前提，位于身体的正下方。

图 4-4-10

二、技术练习

弯道技术练习包括左腿支撑练习、圆圈单脚蹬冰练习、圆圈交叉步练习、单摆臂练习、弯道连贯滑行练习和协调滑跑练习等。

(一) 左腿支撑练习

左腿支撑练习的动作方法是：
(1) 双腿弯曲，双肩放松，上体略前倾；
(2) 用左刀外刃支撑，沿直径 2~3 米的小圆周滑行，只用右腿沿离心力方向向外侧蹬冰；

（3）身体成一直线向左倾斜，身体位于左腿正上方，两肩始终与冰面平行；

（4）左脚应向下一个弯道标记物的方向下刀，左刀用外刃着冰。

（二）圆圈单脚蹬冰练习

圆圈单脚蹬冰练习的动作方法（见图4-4-11）是：

（1）动作同左腿支撑练习，但身体的倾斜度更大，双腿更弯曲，两只冰刀平行，双手下垂，尽量使左手接触冰面，或单摆臂；

（2）身体重心在左腿，用滑进的右脚不断向外侧蹬冰。

图4-4-11

（三）圆圈交叉步练习

圆圈交叉步练习的动作方法（见图4-4-12）是：

（1）动作同圆圈单脚蹬冰练习，但在右腿向左腿靠拢之前，放松右小腿，做前后摆钟动作，然后靠向左腿；

（2）身体整个重心移向左腿，膝盖向右前移动，左腿在快速运动中维持平衡。

图 4-4-12

(四)单摆臂练习

单摆臂练习的动作方法(见图 4-4-13)是:
动作同圆圈交叉步练习,滑行圆周直径逐渐扩大。

(五)弯道连贯滑行练习

弯道连贯滑行练习常用于改进弯道技术,提高左腿支撑能力和右腿蹬冰的技巧,动作方法(见图 4-4-14)是:

(1)在速滑场中心画两个半径 5~10 米圆圈,沿着逆时针方向开始螺旋形滑跑压步,滑到第二个圆圈时直接滑到终点;

(2)如果弯道压步做不好,则可做左腿支撑、右腿连续蹬冰动作,进行弯道连贯滑行练习。

(六)协调滑跑练习

协调滑跑练习的动作方法(见图 4-4-15)是:
(1)背手滑行 1 圈;
(2)直道背手、弯道单摆臂 1 圈;

（3）双摆臂滑 500 米；
（4）在整个过程中，腿部一直保持蹲位。

图 4-4-13

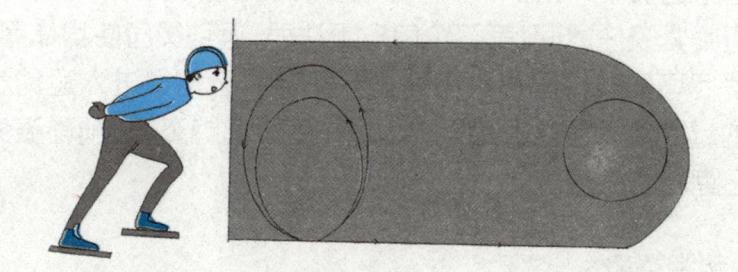

图 4-4-14

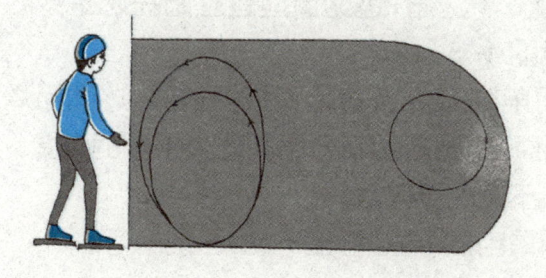

图 4-4-15

第五节 起跑与冲刺技术

起跑与冲刺技术是速滑比赛中取胜的重要手段。起跑的好坏直接关系到途中滑行速度的快慢,而冲刺的技巧在比赛尾声是最为重要的。

一、起跑技术

起跑时,第一个口令下达后,运动员要选择两冰刀的位置,即两刀应紧紧咬住冰面;第二个口令下达后,运动员应使身体重心和肌肉群尽可能发挥出最大力量;最后鸣枪,运动员进入运动状态。常用的起跑技术是正面点冰式起跑,包括起跑姿势、预备姿势、起动和起跑后的疾跑等。

(一)起跑姿势

在"各就各位"的口令下达后,运动员应直立站在起跑线后做起跑姿势,动作方法(见图4-5-1)是:

(1)用力脚在后,将前脚刀尖紧贴起跑线内,切入冰面与滑行路线,约成45°角,正面点冰,后刀与前刀距离略大于髋的宽度;

(2)身体略前倾,头不偏离身体纵轴;

(3)肩部略前屈,两臂自然下垂,静止不动,目视前方。

图 4-5-1

(二)预备姿势

运动员做好起跑姿势后,发令员发出"预备"的口令,此时运动员做预备姿势,动作方法(见图 4-5-2)是:

(1)身体位置同起跑姿势;

(2)两腿屈膝下蹲,降低重心,上体前倾,与水平线成 45°~55°角,内屈肘 90°,蹲屈度适中,身体重心倾向前冰刀;

(3)头部与身体呈直线,目视前方跑道,后臂向后侧上方抬起,前臂屈于膝盖上方,手半握,应能轻松地保持静止状态 1~1.5 秒。

图 4-5-2

(三)起动

鸣枪后,运动员略抬前脚,前倾的身体打破静止平衡状态,开始起动,动作方法是:

(1)前腿外转移到前侧方;

(2)上体抬起,后腿迅速全刃蹬直,并保持牢固的支点;

(3)后腿蹬冰时,后臂前摆不能高于头部,前臂屈肘后摆至后部最高位时,要低于头部的高度;

(4)两腿用力,将身体弹出。

(四)起跑后的疾跑

疾跑是指从起跑到过渡阶段的快速跑动,使运动员在最短的时间内产生最大的速度。疾跑从踏出第一步开始,一般为10~12步,动作方法(见图4-5-3)是:

(1)第二步和第三步做快频率的蹬切动作;

(2)从第四步起,切、滑动作结合;

(3)第五步后,身体姿势渐低,蹬冰方向由侧后转向体侧,步幅由小变大;

(4)在疾跑过程中,两刀均用内刃。

图 4-5-3

二、冲刺技术

终点冲刺是全程滑跑的重要组成部分。在任何情况下,运动员都应奋力冲刺。

(1)根据个人能力和项目选择好冲刺段落,能力强者冲刺段落相对长,长距离项目冲刺距离相对长;

(2)用最大力量快速蹬冰,以保持速度,并要保持滑跑姿势不变形;

(3)利用快速双摆臂来提高步频、速度,但一定要注意蹬冰质量,切忌"跑冰";

(4)用前踢着冰动作触及终点线,并继续滑行10米左右,确保以最快速度通过终点。

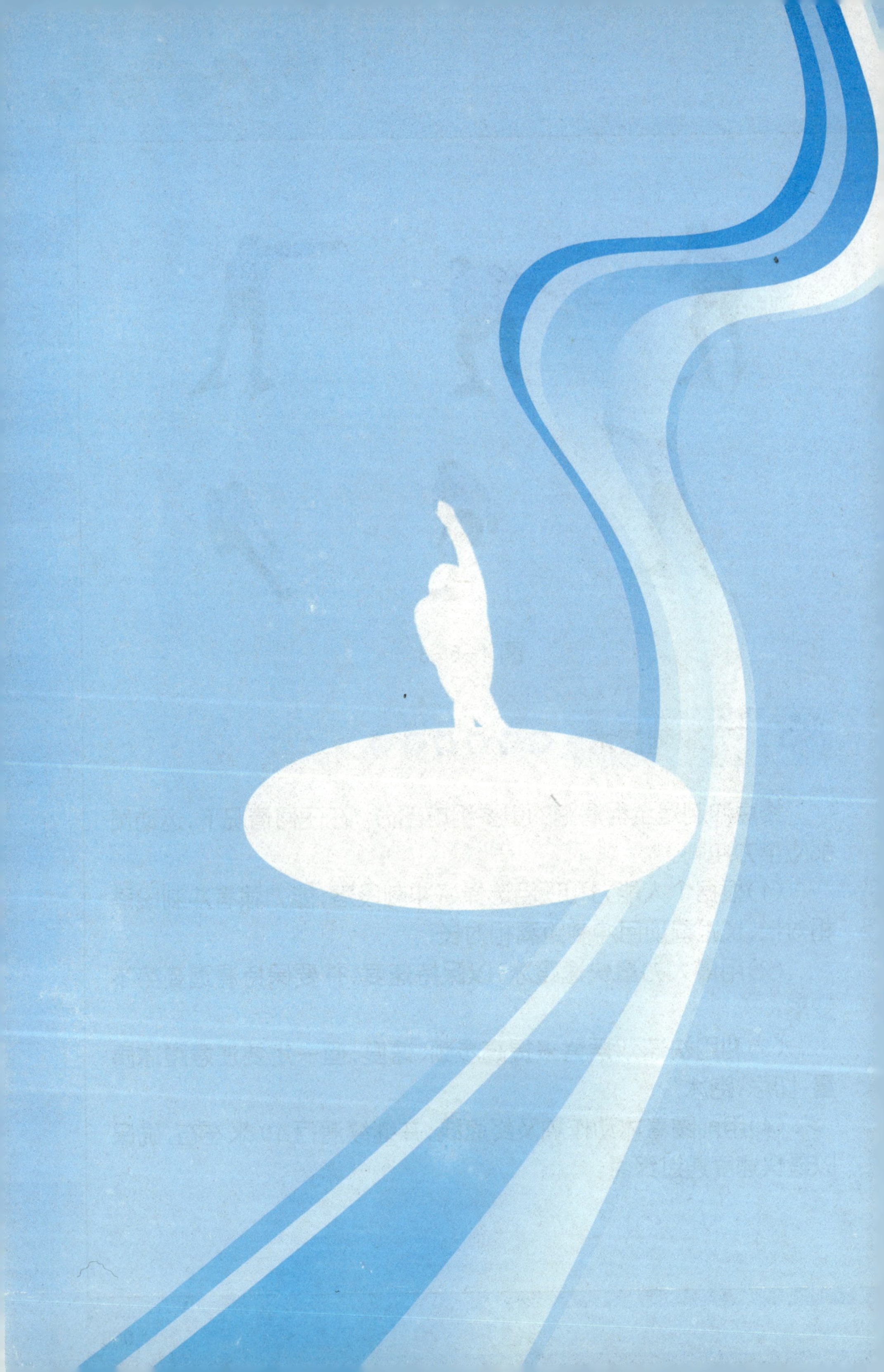

第五章 速度滑冰基础战术

短道速滑和接力是速度滑冰的重要项目，本章介绍这两个项目的战术运用。

第一节 短道速滑战术

短道速滑以名次决定胜负，采用轮次淘汰制的比赛形式，每轮小组前两名进入下一轮。因此，运动员不仅要具有良好的技术和体能，更要以清醒的头脑灵活运用战术，控制场上局面，以顺利进入下一轮。战术的运用要根据比赛的激烈程度、对方实力和个人状态等情况而定，包括抢占并保持有利位置和过人等。

一、抢占并保持有利位置

速度滑冰的比赛场地小，多人在一条跑道上同时出发，比赛十分激烈。运动员如果在起跑时就能抢占前两名的有利位置，不仅可以从心理上增强取胜的信心，不必为过人消耗过多体力，还可以避免由于激烈竞争而造成的犯规。抢占并保持有利位置的方法是：

（1）起跑频率要快，节奏要强而有力，争取领先，占据有利位置；

（2）采取双摆臂等控制身体的空间区域，防止在滑跑直道中段被超越；

（3）控制进出弯道。

二、过人

运动员如果在起跑时未抢占到有利位置，就需要在滑行过程中千方百计地寻找机会过人，动作方法是：

（1）跟紧前一位选手，不能留有太大的间隙；

（2）利用进出弯道及直道中段的三个有利区域超越，在不违反规则的情况下，从内、外侧过人；

（3）了解掌握对方战术，利用对方弱点寻找机会。

短道速滑战术不仅仅限于以上两种，根据项目特点和个人技、战术能力以及不同距离比赛，可采取不同的战术。

第二节 接力战术

接力战术是指在速滑接力比赛项目中，为了团队的获胜所采取的比赛战术。接力战术的具体方法如下：

（1）准备接力的运动员在跑道内侧超速滑到跑道直线段时，两臂下垂扶膝，呈滑冰的基本姿势，等待场上同伴用双手尽可能用力推其臀部，开始接力滑跑；

（2）准备接替者不能妨碍场上滑跑的其他队员正常滑行；

（3）交替者在交替时两腿不能分开过大而阻挡其后队员。

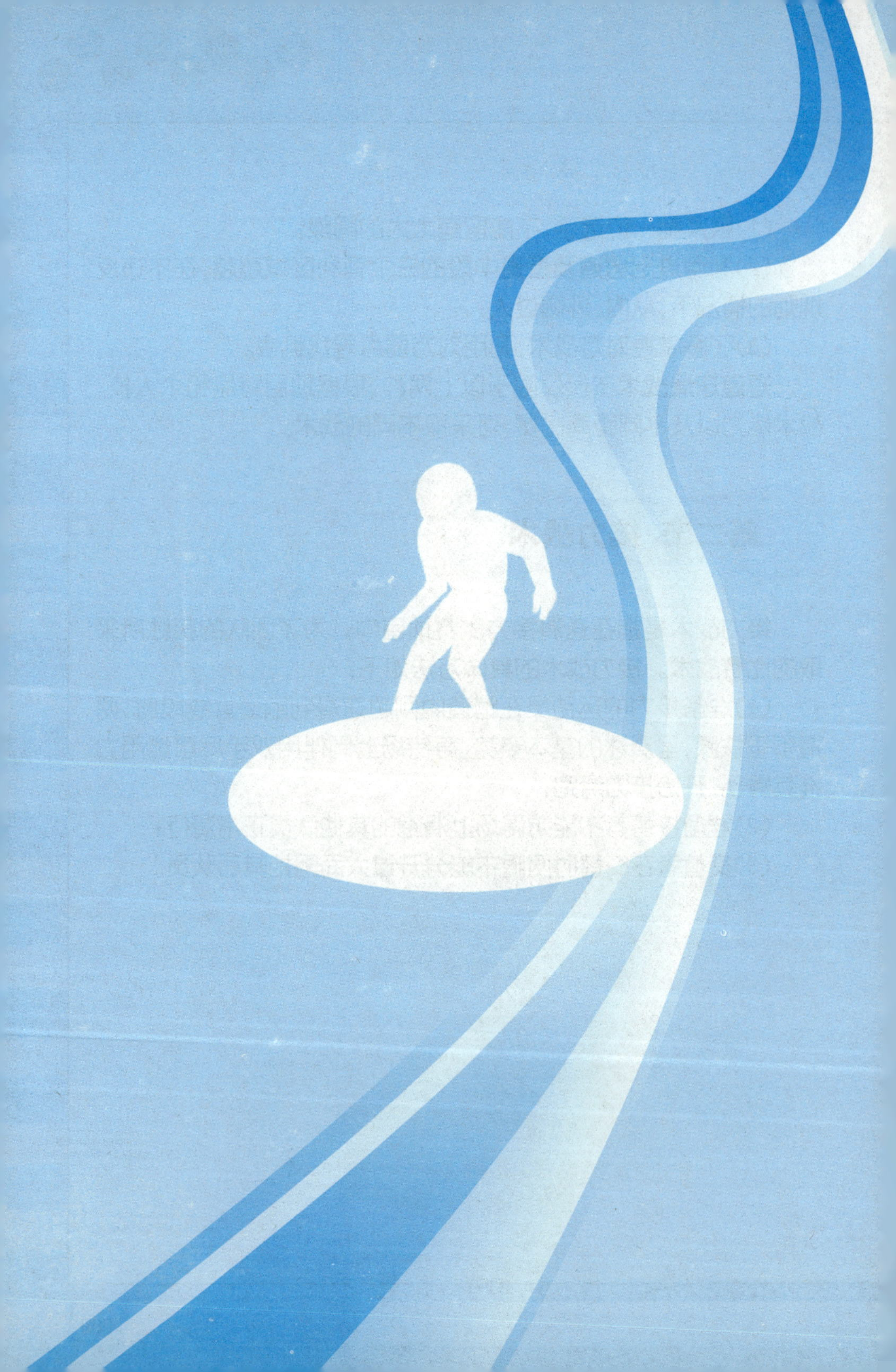

第六章 速度滑冰比赛规则

没有规矩不成方圆,运动的乐趣不仅来源于运动技巧,更在于在规则的指导下,合理、规范地进行体育锻炼,才能使锻炼者得到极大的充实与满足感。本章介绍速滑比赛的参赛办法、裁判的相关判罚以及常见的犯规情况。

第一节 程序

比赛程序是指参赛队员在参加比赛之前和比赛过程中，以及比赛结束时所要注意遵守的相关规则及违规处理情况。

一、参赛办法

参赛办法如下：
(1)要求参赛队员佩戴头盔和相关护具；
(2)检查速滑鞋是否安有非法助力装置；
(3)在端线前站好等待发令。

一、参赛办法

（一）滑跑规则

具体内容如下：
(1)速度滑冰比赛均为逆时针滑跑，跑道的内侧在运动员的左手边；
(2)运动员应在标准跑道上，分2人1组进行滑跑；
(3)内道滑跑的运动员，每次滑到换道区直道时要换到外道滑跑，外道滑跑的运动员应在同样情况下转入内道。

(二)起点召集

具体内容如下：

（1）出发前，应在起点清楚地召唤参赛运动员；

（2）未能及时到达起点参赛的运动员，视为自动弃权。

(三)起跑

具体要求如下：

（1）内道和外道出发的运动员要佩戴各自的白、红臂章，供人识别，运动员有责任佩戴正确的臂章；

（2）当发令员发出"各就位"口令后，运动员应站到预备起跑线与起跑线之间，两线的间距为1米；

（3）运动员要保持直立姿势直至发令员发出"预备"口令；

（4）运动员听到"预备"口令后，应迅速做好起跑姿势，并完全保持这种姿势直至鸣枪；

（5）运动员身体的任何部位或装备不得触及起跑线或起跑线前的冰面；

（6）从运动员完成起跑姿势到鸣枪有1～1.5秒的间隔时间。

第二节 裁判

学习和了解裁判方法，对于运动员掌握裁判员的判罚尺度，提

高比赛成绩,合理有效地运用规则会有很大的帮助。

一、裁判员

　　裁判长1人,副裁判长2人;记录裁判员2人,监道裁判员2人,终点裁判员4人,计时裁判员6人,发令裁判员2人,计圈裁判员2人,检录裁判员2人。裁判人数可根据比赛规模适当增减。

二、计时规则

　　(1)运动员冰刀触及或抵达终点线即视为完成该项比赛;
　　(2)运动员在即将到达终点线时摔倒,摔倒后越出道路通过终点线的延长线,应以冰刀触及终点线延长线的瞬间计算时间;
　　(3)使用全自动计时时,不是由运动员的冰刀而是其他部位碰到终点线停表的,有效成绩以全自动计时和人工计时两者中较慢的时间计入。

三、犯规

(一)起跑判罚

　　具体要求如下:
　　(1)运动员在"预备"口令下达前即完成起跑姿势,或在"预备"口令下达前及鸣枪前离开了两条线之间的位置,均判为起跑犯规,应被召回并给予一次犯规警告;

（2）同组内一名或两名运动员故意放慢完成起跑姿势的速度，运动员将被判罚；若一名运动员冲出起跑线而引起另一名运动员跟随，则该领跑运动员将被判罚；

（3）运动员出现起跑犯规时，发令员应鸣第二枪或吹哨召回运动员，位于起跑线前50～60米处的助理发令员，应根据发令员的指令，在运动员的前方以一面红旗发出停止滑跑的信号；

（4）运动员第一次起跑犯规后，发令员应对其进行判罚，若同组两名运动员同时犯规，应对两人判罚，第二次犯规的运动员将被取消比赛资格。

（二）碰撞及超越判罚

具体内容如下：

（1）运动员滑出弯道末端即进入直道换道区，从内道换至外道的运动员不得阻碍对方从外道正常换至内道，如果发生碰撞，则应由内道换至外道的运动员负责；

（2）在同一跑道内超越：当一名运动员将要超越同一跑道内的另一名运动员时，例如，当同组两名运动员的距离已到一圈时，或者在双发比赛时，某一方的一名运动员已经追上在同道出发的另一方的运动员时，两名运动员对超越的顺利进行和避免冲撞的发生都应负有责任；

（3）若裁判长确认有犯规的行为，犯规运动员将被取消比赛资格；

（4）在双跑道上，领先的运动员赶上并超越对方时，若运动员因被超越而使用不正当手段，应取消其该项比赛资格。

（三）判定重滑

（1）在速滑比赛中，运动员若不是由自己的过失而使比赛受到干扰时，经裁判长允许，可以重新滑跑，以两次滑跑中最佳的一次成绩为准；

（2）运动员由于跑道出现障碍而未能完成比赛的，应准许其重滑，但不包括冰刀损坏或冰面不洁。若运动员受到跑道边上的某些人或事的干扰，并非直接受阻而停止比赛，则不需重滑；

（3）由于对方摔倒而造成障碍，或由于对方违反规则而造成的障碍，如在换道区直道换错道，或在某一时刻离开自己的跑道，裁判长不得拒绝运动员重滑，若一名运动员被允许重滑，裁判长应通知本人；

（4）经裁判长判定重滑，运动员应有 30 分钟的休息时间，第二次比赛的出发道次应与原道次相同。若有两名或两名以上运动员被允许重滑，他们可能重新结对编组，有的运动员也可能将在与原来不同的道次参赛。

花样滑冰

第七章 花样滑冰概述

　　花样滑冰是一项将体育和艺术紧密结合在一起的冰上运动项目。它要求运动员穿着特制的带有冰刀的鞋，伴随着音乐，在冰面上做出各种曲线、步法、跳跃、转体、旋转和舞蹈动作。

第一节 起源与发展

花样滑冰起源较早，历史久远。随着社会的发展和科学技术的进步，花样滑冰的冰鞋和动作也在不断发生着变化。

一、起源

滑冰作为一种古老的冬季运动，距今已有 1000 多年的历史了。

人类最早用于滑冰的工具由兽骨制成，这在伦敦大英博物馆和 12 世纪手抄的古文献中可以见到。

13 世纪中叶，镶嵌在木板上的铁制冰刀在荷兰出现。

大约经过 3 个世纪的演变，到了 1572 年，苏格兰人发明了全部用铁制造的冰刀，此举不仅使速度滑冰运动得到了飞速的发展，同时也为现代花样滑冰的形成奠定了基础。

花样滑冰于 18 世纪诞生在英国，它是从一般冰上运动发展而来的。

二、发展

花样滑冰是一种观赏性较强的体育运动，深受大众喜爱，发展速度较快。

(一)国外

16世纪,在欧洲文艺复兴运动的影响下,滑冰作为一种户外活动在荷兰再度兴起。

1742年,第一个滑冰俱乐部在英国爱西堡诞生。

1772年,第一本花样滑冰运动教科书《论滑冰》在伦敦出版。

在欧洲迅速发展花样滑冰的同时,北美的花样滑冰技巧也取得了明显的进步。1783年,美国费城的艺术家B·韦斯特在欧洲进行了花样滑冰表演。

从19世纪中叶开始,花样滑冰进入了飞速发展时期,美国费城的布什·内尔于1850年制造出了世界上第一副钢质冰刀。

自19世纪70年代开始,在欧美各地先后成立了滑冰俱乐部,花样滑冰比赛相继举行。美国的D·梅伊与G·梅伊于1868年,首次进行了双人滑表演。

1892年,在荷兰的阿姆斯特丹召开了第一次各国滑冰协会代表年度会议,成立了国际滑冰联盟。

1896年,在俄国彼得堡举行了第一次世界男子单人花样滑冰锦标赛。

1906年,在瑞士达沃斯举行了第一次世界女子单人花样滑冰锦标赛。

1908年,在俄国彼得堡举行了第一次世界双人花样滑冰锦标赛。

1952年,在法国巴黎举行了第一次世界冰上舞蹈锦标赛。

(二)中国

1930年前后,西方花样滑冰传到中国。

1935年,在北京举行的滑冰比赛中,进行了花样滑冰表演赛。

1942年冬,在延安的延河上举行的冰上运动会,表演了花样滑冰的规定图形和自由滑。

1953年2月,在哈尔滨举行了第一次全国冰上运动大会。

1980年2月,中国派队参加了第13届冬季奥林匹克运动会的花样滑冰比赛。

1980年3月,中国派队参加了第70届世界花样滑冰锦标赛。

近年来,中国花样滑冰运动水平有了长足的进步,其中尤为突出的是我国女子单人滑运动员陈露。1995年,她在伯明翰夺取了世界冠军的称号。这标志着我国花样滑冰事业登上了一个新的台阶。

第二节 特点与价值

花样滑冰的动作变化多样,需要在冰上做出不同的动作,和其他冰雪项目有本质的区别。

(一)动作变化形式多样

花样滑冰的双人滑动作丰富多彩,包括许多十分复杂的托举和抛接动作,特别是在自由滑中,有很多独特和创造性的表演。

在单人滑比赛中,有许多机会可以表现出各种高难度动作,各种旋转、各种跳跃转体和燕式平衡动作等。

(二)娱乐性、观赏性较高

花样滑冰无论是单人动作还是双人动作,由于变化形式多样,需要在冰上做出各种不同的动作,能给观赏者带来美的享受,因此深受大家的喜爱。

(三)动作难度大

花样滑冰不同于其他形式的滑冰,它对动作协调性的要求较高,需要选手做出各种高难动作,以增强观赏性。

(四)冰鞋特点

花样滑冰的冰刀鞋勒硬且高,冰刀较矮,刀刃、刀托为一体,刀身有一定弧度,刃较厚,呈浅"凹"沟形,沟两边刃锋利,既便于滑行又能使冰刀在冰面上留下清晰的图案;滑刀锯齿较大,便于急停、跳跃或迅速改变动作。

花样滑冰是一项集力量、协调、柔韧、灵活、平衡、优美和稳定于一身的运动项目,能够增强人体的平衡能力、协调能力以及身体的柔韧性。

二、价值

花样滑冰的运动强度较大,能使人的心跳加快,血液循环畅通,心血管系统的功能增强,提高有氧运动能力。

姿势优美的花样滑冰，快速不停地旋转和跳跃，将使神经系统和前庭分析器得到很好的练习，从而使身体的平衡能力显著加强。青少年练习花样滑冰，还可以使下肢骨骼的骨骺得到刺激，促进下肢骨骼生长。

花样滑冰在锻炼身体的同时，还可以陶冶情操，对青少年身心的发展有极大的帮助。

第八章 花样滑冰场地、器材和装备

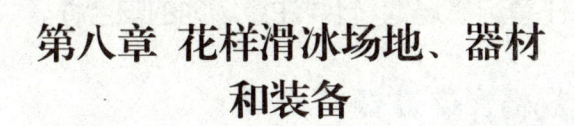

进行花样滑冰运动,除了要备有滑冰鞋和专用的服装之外,还要有滑冰场地和音响设备等。

第一节 场地

冰场有天然冰场和人工冷冻冰场，人工冷冻冰场又分为室内冰场和露天冰场两种。正规的花样滑冰比赛都在室内冰场举行，日常练习可以任意选择场地，但要注意场地的安全性。

一、规格

花样滑冰的标准场地长 60 米、宽 30 米，也可根据具体情况而定，但长度应不少于 52 米、宽度应不少于 26 米。

二、设施

花样滑冰需要有音响设备，一般家庭用的音响就可以。

三、要求

（1）室内冰场，室温应保持在 15℃以下，冰面温度应控制在 −6℃～−5℃；

（2）冰的厚度应不少于 5 厘米。

第二节 器材

花样滑冰运动所需要的器材主要包括冰刀、冰鞋等。由于其运

动特点，对冰刀、冰鞋的规格、型号要求都比较严格，所以，其质量的好坏直接影响着运动成绩。

一、冰刀

(一)分类

1. 自由滑冰刀（见图 8-2-1）

刀身弧度稍小，前端的刀齿离冰面稍近，便于利用刀齿完成一些跳跃和旋转动作。

2. 图形冰刀

刀身弧度稍大，前端的刀齿离冰稍远，可防止冰刀转动时刀齿刮冰，影响冰上图形线痕的清晰和准确度。

图 8-2-1

(二)要求（见图 8-2-2）

(1)冰刀最小面的刀齿在鞋底前端的边缘处，刀尾应超出鞋后跟 1~2 厘米；

(2)冰刀前端应镶在大脚拇趾和二脚趾之间，刀尾应在鞋底后

跟略偏外一侧；

（3）应经常保持沟槽两侧冰刀刃的锐利；

（4）刀身下面的沟槽，要保持一定的深度，沟槽的弧形要浅而匀，为保持沟槽两侧冰刀刃的锐利，要经常研磨沟槽；

（5）冰刀使用后，应将刀上的冰屑和冰珠擦干，避免冰刀生锈；

（6）从室内穿冰刀鞋走向冰场时，要带上刀套，以保护刀刃。

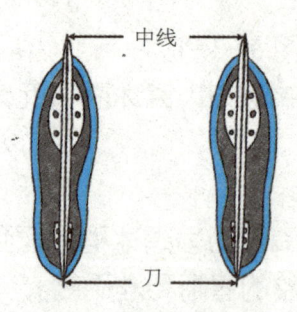

图 8-2-2

二、冰鞋

（1）花样滑冰鞋最好是按自己的脚形制作；

（2）花样滑冰鞋鞋靿、鞋跟较高，鞋帮、鞋底较硬；

（3）鞋靿以达到踝关节以上为宜，如果太高则会妨碍小腿肌肉的活动；

（4）跟高与鞋的大小成一定比例，一般 26 厘米长的鞋，跟高 5~6 厘米；

（5）冰鞋（见图 8-2-3）要经常用保革油擦拭，以保持皮革的柔润光滑。

图 8-2-3

第三节 装备

花样滑冰是一项表现美的运动。为了加强运动中的安全性，对服装和冰鞋都有很严格的要求。

一、款式

花样滑冰的服装应美观大方。比赛时，男子上身衣着不限，下身可穿合体的直腿西服裤，一般配黑色冰鞋；女子穿紧身的连衣短裙，一般配白色冰鞋。平时练习可穿一般的运动服装。

二、要求

（1）花样滑冰要求选手服装必须适合体育比赛，要典雅大方；
（2）为了表达音乐的风格和特点，允许参赛者设计各自不同的

服装，但服装上的装饰物，如羽毛、亮片、珠子等应尽量少些，且不得在比赛中将其掉到冰面上；

（3）男选手不得穿露胸的服装，女选手不得穿露肤的上下分体式服装，短裙的下摆应超过臀部。

第九章 花样滑冰基本技术

　　了解花样滑冰运动的基本技术动作,是进行该项运动的必备条件。只有掌握了花样滑冰运动的基本技术动作,才能将花样滑冰运动进行得更好、更完美。基本技术包括滑行、步法、急停、跳跃和旋转等。

第一节 滑行

滑行的基本动作包括站立、单脚交替蹬冰双脚滑行、单脚交替蹬冰单脚滑行、单脚蹬冰双脚弧线滑行、单脚蹬冰单脚弧线滑行、前交叉步滑行、向后双脚滑行、单脚蹬冰单脚向后滑行、单脚蹬冰双脚向后弧线滑行、单脚蹬冰单脚向后弧线滑行、向后交叉步滑行、单脚前外刃半圆形弧线滑行、前内刃半圆形弧线滑行、后外刃半圆形弧线滑行和后内刃半圆形弧线滑行等。

一、站立

站立的动作方法（见图 9-1-1）是：

(1) 两脚略分离与肩同宽，两腿略屈，两臂在体侧自然控制身体平衡；

(2) 目视正前方，用两脚内刃支撑身体。

图 9-1-1

二、单脚交替蹬冰双脚滑行

单脚交替蹬冰双脚滑行的动作方法(见图9-1-2)是：

(1)上体保持直立，目视正前方，两臂向侧前方自然伸展，协助掌握身体平衡；

(2)双脚略分开，与肩同宽，平行站立；

(3)蹬冰时双膝略屈，用一只脚的冰刀前内刃向侧后方蹬冰，完成动作后迅速回原位；

(4)用另一只脚内刃蹬冰，做同样的向前滑行动作，两脚交替进行，直至熟练。

图9-1-2

三、单脚交替蹬冰单脚滑行

单脚交替蹬冰单脚滑行的动作方法(见图9-1-3)是：

(1)在较熟练地掌握了单脚交替蹬冰、双脚滑行的动作基础上，以同样的动作进行蹬冰；

(2)将蹬冰脚抬离冰面，重心移到滑行脚，蹬冰脚保持在身后，协助掌握平衡。

图 9-1-3

四、单脚蹬冰双脚弧线滑行

单脚蹬冰双脚弧线滑行的动作方法是：
（1）双脚平行站立，用右脚前内刃蹬冰，迅速回到左脚内侧；
（2）身体略向左倾斜，左肩略向后移，左脚用前外刃，右脚用前内刃，形成双脚平行向左转弯的弧线滑行；
（3）用同样方法、相反姿势，进行左脚蹬冰、双脚向右弧线滑行。

五、单脚蹬冰单脚弧线滑行

单脚蹬冰单脚弧线滑行的动作方法（见图 9-1-4）是：
（1）双脚平行站立，用右脚前内刃蹬冰，将身体重心完全移到左脚前外刃，身体略向左倾斜，左肩向后移，做左脚前外刃弧线滑行；
（2）用同样方法、相反姿势，进行左脚前内刃蹬冰、右脚前外刃弧线滑行；
（3）多加练习，尽量增加单脚弧线滑行的时间和距离。

图 9-1-4

六、前交叉步滑行

前交叉步滑行的动作方法(见图 9-1-5)是：

(1)用左脚内刃蹬冰,进行右脚前外刃弧线滑行,身体重心在右滑脚；

(2)左脚经右脚前方,交叉放到右脚外刃的前外侧,同时右脚用前外刃向侧后方蹬冰,用左脚前内刃滑行,此时两腿呈交叉状,形成左脚前内刃、右脚前外刃的前交叉步弧线滑行；

(3)用同样方法、相反姿势,进行右脚前内刃蹬冰、左脚前外刃的前交叉步滑行。

图 9-1-5

七、向后双脚滑行

向后双脚滑行的动作方法(见图9-1-6)是:
(1)上体略向前倾,其他要求同向前滑行;
(2)先练习"葫芦"形向后滑行,双脚平行站立,脚尖靠近、脚跟分开,用两脚内刃均匀蹬冰,进行双脚后内刃滑行;
(3)滑行较短距离后,双脚跟内收,脚尖分开,恢复原来姿势,反复滑行,形成"葫芦"形滑行曲线;
(4)掌握以上动作后,用一只脚后内刃蹬冰,另一只脚平行滑行,两脚交替,反复进行,形成右脚后内刃蹬冰、双脚向后滑行或左脚后内刃蹬冰、双脚向后滑行,也称为蛇形曲线向后滑行。

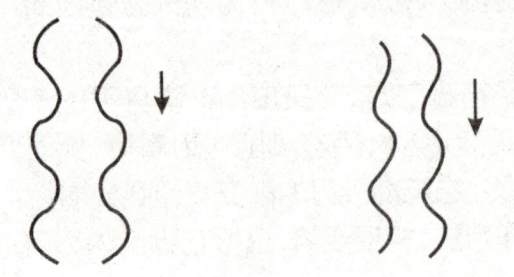

图9-1-6

八、单脚蹬冰单脚向后滑行

单脚蹬冰单脚向后滑行的动作方法是:
(1)姿势同向后双脚滑行;
(2)蹬冰后立即将脚抬离冰面,重心移至滑腿,形成单脚向后滑行。

九、单脚蹬冰双脚向后弧线滑行

单脚蹬冰双脚向后弧线滑行的动作方法是：

（1）右脚蹬冰，动作结束后，双脚平行站立，身体略向左倾，左肩向后，右肩向前，头转向左侧，用左脚后外刃和右脚后内刃做双脚弧线滑行；

（2）用同样方法、相反姿势，进行左脚蹬冰、右脚后外刃和左脚后内刃双脚弧线滑行。

十、单脚蹬冰单脚向后弧线滑行

单脚蹬冰单脚向后弧线滑行的动作方法是：

（1）右脚内刃蹬冰，身体重心移至滑行的左脚，滑脚要踩在冰刀后外刃上；

（2）右脚变为浮脚离开冰面，放在身体前方滑线上，再回到滑脚内侧做下一次蹬冰和滑行；

（3）用同样方法、相反姿势，进行左脚后内刃蹬冰和右脚后外刃滑行的单脚弧线滑行，要求两个方向滑行的技术水平相同；

（4）练习滑行动作时，要用双臂和浮脚协助调整身体平衡；

（5）开始练习时，身体向左或向右的倾斜不应太大，待技术比较熟练后，再加大滑行速度和倾斜角度，并逐渐延长单脚滑行的时间与距离。

十一、向后交叉步滑行

向后交叉步滑行的动作方法（见图9-1-7）是：

（1）双脚平行站立，双膝深屈，右肩向后，左肩向前，头部转向右侧方；

（2）用左脚后内刃向侧方蹬冰，右脚后外刃单脚滑行；

（3）左脚经右脚前方移至其前外侧，同时用右脚外刃向右侧方做蹬冰动作，进行左脚后内刃单脚弧线滑行，此时两腿呈交叉状；

（4）交替蹬冰和滑行，进行左脚后内刃蹬冰、右脚后外刃滑行和右脚后外刃蹬冰、左脚后内刃滑行的后交叉步滑行；

（5）用同样方法、相反姿势，进行右脚后内刃蹬冰、左脚后外刃滑行和左脚后外刃蹬冰、右脚后内刃滑行的向后交叉步滑行练习；

（6）在练习后交叉步滑行时，上体应尽可能直立或略向前倾，蹬冰腿一定要充分伸直，滑行腿要深屈，形成两腿曲直鲜明的交叉步动作。

图 9-1-7

十二、单脚前外刃半圆形弧线滑行

单脚前外刃半圆形弧线滑行的动作方法(见图 9-1-8)是:

(1)双脚呈"丁"字形站立,右脚尖向前,脚跟对左脚心,右肩在前,左肩在后,上体转向欲滑行的圆外;

(2)左脚内刃做一次蹬冰,身体略向圆内倾斜,用右脚前外刃滑行;

(3)滑行中两肩对称转动,滑到弧线一半,即四分之一圆时,两臂平放体侧,浮脚由远离滑脚向滑脚后内侧靠拢;

(4)上体继续匀速转动,左肩向前,右肩向后,浮脚经滑行脚内侧匀速向前移动,为左脚前外刃半圆形弧线滑行做准备;

(5)用同样方法、相反姿势,左脚前外刃半圆形弧线滑行。

图 9-1-8

十三、前内刃半圆形弧线滑行

前内刃半圆形弧线滑行的动作方法（见图 9-1-9）是：

（1）双脚呈"丁"字形站立，右脚尖向前，脚跟对左脚心，上体直立，左肩向前，右肩向后，面向欲滑行的圆内；

（2）左脚蹬冰，进行右脚前内刃弧线滑行；

（3）滑到四分之一圆时，两臂平放体侧，浮脚靠近滑脚后内侧；

（4）上体继续匀速转动，右肩向前，左肩向后，浮脚由滑脚内侧伸向前方滑线之上，为左脚前内刃半圆弧线滑行做准备；

（5）用同样方法、相反姿势，进行左脚前内刃半圆形弧线滑行。

图 9-1-9

十四、后外刃半圆形弧线滑行

后外刃半圆形弧线滑行的动作方法(见图9-1-10)是:

(1)双脚平行站立,两肩平放,面向欲滑行的圆内,上体略向右转;

(2)右脚内刃蹬冰,左臂用力向后摆动,右肩在前,浮脚在前,进行左脚后外刃弧线滑行;

(3)滑行至四分之一圆时,两肩均匀转至与身体平行,浮脚靠近滑行脚内侧,面朝圆内;

(4)浮脚向后伸,为右脚后外刃半圆滑行做准备;

(5)用同样方法、相反姿势,进行右脚后外刃半圆形弧线滑行,蹬冰前应迅速将头部转向右后外圆。

图 9-1-10

十五、后内刃半圆形弧线滑行

后内刃半圆形弧线滑行的动作方法（见图 9-1-11）是：

(1)双脚平放在圆弧线上，与弧线垂直，身体背向预滑行的圆；

(2)两肩略向左转，右肩用力迅速向后摆动，左脚内刃蹬冰，右脚内刃做单脚弧线滑行；

(3)左肩在前，右肩在后，面向圆外，浮脚在身前滑线之上；

(4)滑至四分之一圆时，两肩均匀转至与身体平行，面部转向圆内，浮脚靠近滑行脚前内侧；

(5)两肩继续匀速转动，左肩向后，右肩向前，浮脚向后伸展在滑线之上，为左脚后内刃半圆滑行做准备；

(6)用同样方法、相反姿势，进行左脚后内刃半圆形弧线滑行。

图 9-1-11

第二节 步法

花样滑冰的步法是将许多滑行技术有效地连接起来的一种形式和方法，包括前压步、前外曲线步、前内曲线步、后压步、前外"3"字步和燕式平衡等。

一、前压步

前压步的动作方法（见图9-2-1）是：

（1）右脚用内刃蹬冰，左脚用外刃滑出并屈膝，身体略向左转，左臂在侧后，右臂在前，面向滑行方向；

（2）左脚用外刃向右侧蹬冰，右脚由后移到左脚前，用内刃着冰滑行；

（3）左脚伸直，在右脚外侧离开冰面收回，用外刃靠近右脚内侧着冰，同时右脚蹬冰；

（4）用同样方法、相反姿势，进行右压步滑行。

图9-2-1

二、前外曲线步

前外曲线步的动作方法（见图 9-2-2）是：
（1）右臂在前，左臂在后，左脚内刃蹬冰，用右脚外刃向前滑一大曲线，滑膝略屈，浮足在后；
（2）滑行至曲线的一半，浮足靠近滑足沿滑线移向前，两臂换位；
（3）换足时两脚靠近，身体重心略向左移动，右脚内刃蹬冰，左脚外刃滑出；
（4）用同样方法进行反方向滑行。

图 9-2-2

三、前内曲线步

前内曲线步的动作方法（见图 9-2-3）是：
（1）左臂在前，右臂在后，左脚内刃蹬冰，右脚内刃向前滑出；
（2）浮足在后放在滑线上，身体略向圆内倾，滑至曲线一半，浮足靠近滑足前移，两臂换位；
（3）换脚时两脚靠近，右脚蹬冰，左脚内刃滑出；

(4)用同样方法进行反方向滑行。

图 9-2-3

四、后压步

后压步的动作方法(见图 9-2-4)是:
(1)两肩向右转,上体朝向圆心,面向右转看滑行方向;
(2)左臂在前,右臂在后,先以左脚内刃蹬冰,上体右倾,以右脚外刃着冰,向右后方滑出;
(3)左脚越过右脚前放至内侧,呈交叉状,两脚同时向后滑行;
(4)右脚外刃向左侧蹬冰,而后离开冰面成为浮足;
(5)收右腿,右脚在左脚里侧着冰,左脚内刃再蹬冰,重复上述动作;
(6)用同样方法、相反姿势,进行左后压步滑行。

图 9-2-4

五、前外"3"字步

前外"3"字步的动作方法（见图 9-2-5）是：
（1）左脚蹬冰，右脚滑前外曲线，左臂在前，右臂及浮足在后；
（2）上体向右转，加大曲线的弧度；
（3）右脚足跟略向右提起，用冰刀的前半部着冰，向右转180°成后滑姿势，滑右后内曲线；
（4）右脚内刃蹬冰，左脚后外刃滑出，上体左转，左臂在后，右臂在前，右脚在滑后远离滑足；
（5）用同样方法、相反姿势，即为前内"3"字步。

图 9-2-5

六、燕式平衡

燕式平衡包括直线前平衡、前外燕式平衡和前内燕式平衡等。

(一) 直线前平衡

直线前平衡的动作方法（见图 9-2-6）是：
(1) 直线前滑，获得一定速度；
(2) 两臂侧平举，目视正前方，左（右）脚向后抬起，右（左）脚用双刃立线前滑；
(3) 上体前倾与浮足成一直线并与冰面平行。

图 9-2-6

(二) 前外燕式平衡

前外燕式平衡的动作方法（见图 9-2-7）是：
(1) 滑右前压步起速，左脚在后逐渐抬起，右臂在前，左臂在侧后，右脚滑前外曲线；
(2) 用同样方法做反方向动作。

图 9-2-7

(三)前内燕式平衡

前内燕式平衡的动作方法(见图 9-2-8)是:

(1)滑左前压步起速,左脚逐渐向后抬起,左臂在前,右臂在后,目视前方,右脚滑前内曲线;

(2)用同样方法做反方向动作。

图 9-2-8

第三节 急停

急停是在练习或表演中经常使用的动作，包括双脚急停和单脚急停等。

一、双脚急停

双脚急停包括双脚向前内刃急停、双脚向后内刃急停和双脚向左急停等。

（一）双脚向前内刃急停

双脚向前内刃急停的动作方法（见图9-3-1）是：
（1）向前滑行时，突然将两脚尖相对，脚跟分开；
（2）身体向后倾，两腿略屈，两膝相靠，用两脚内刃刮冰，做急停动作。

图 9-3-1

(二)双脚向后内刃急停

双脚向后内刃急停的动作方法(见图 9-3-2)是:
(1)向后滑行时,突然将两腿分开,脚尖向外展,脚跟向内;
(2)身体向前倾,用两脚内刃刮冰,做急停动作。

图 9-3-2

(三)双脚向左急停

双脚向左急停的动作方法(见图 9-3-3)是:
(1)向前滑行时,身体突然左转,两腿略屈;
(2)身体向右倾,用左脚内刃和右脚外刃横向刮冰,做急停动作。

图 9-3-3

二、单脚急停

单脚急停包括单脚向前外刃急停和单脚向前内刃急停等。

(一)单脚向前外刃急停

单脚向前外刃急停的动作方法(见图 9-3-4)是:
(1)向前滑行时,突然用右脚冰刀外刃横向刮冰;
(2)身体向后倾,左脚抬离冰面,放至右脚跟后方。

图 9-3-4

(二)单脚向前内刃急停

单脚向前内刃急停的动作方法(见图 9-3-5)是:
(1)向前滑行时,突然用左脚内刃向前横向刮冰;
(2)身体后倾,右脚抬离冰面,放至左脚内侧。

图 9-3-5

第四节 跳跃

跳跃是人体通过冰刀力量作用于冰面,获得冰面对人体支撑的反作用力,使人体离开冰面跃起的动作,包括"3"字跳、外勾半周跳、后内结环一周跳、后外结环一周跳、后外点冰一周跳、后内点冰一周跳和外勾一周跳等。

一、"3"字跳

"3"字跳的动作方法(见图 9-4-1)是:

(1)左脚起跳,做右脚后外曲线滑行或用左脚前外"3"字步做辅助动作;

(2)右脚蹬冰,左脚用外刃同右脚呈"丁"字形滑出,深屈膝,两臂在浮腿后,重心放在滑腿;

(3)起跳时浮腿及两臂由后向前上方摆振,身体在空中旋转180度;

(4)落冰时右脚由刀齿过渡到刀前外刃着冰,做后外滑,左臂

在前,右臂在侧,抬头挺胸,呈落冰姿势;
(5)用同样方法、相反姿势进行右脚起跳。

图 9-4-1

二、外勾半周跳

外勾半周跳的动作方法(见图 9-4-2)是:
(1)左脚起跳,做左脚后外曲线滑行,左臂在前,右臂在后,右脚在滑线的延长线上自然后伸;
(2)深屈滑膝,重心向圆内倾倒,浮足自然后引,上体保持正直,目视前方;
(3)滑膝伸直跳起,浮足用刀齿点冰,左臂由体前经体侧后摆,右臂自然收回至体前,身体向左转体 180°;
(4)左脚刀齿先着冰,向后蹬冰,右脚用冰刀前内刃后半部着冰,顺势向前滑出,左臂在前,右臂在侧后,上体保持正直,挺胸抬头;
(5)用同样方法、相反姿势进行右脚起跳。

图 9-4-2

三、后内结环一周跳

后内结环一周跳的动作方法(见图 9-4-3)是:

(1)左脚起跳,滑左脚前外曲线,用左脚前外"3"字步做辅助动作;

(2)滑腿膝深屈,浮腿伸直后引,两臂由体侧向后摆,起跳时滑腿用力蹬直,浮腿及两臂由后向前摆振,身体腾空后向左转体360°;

(3)落冰时右脚由刀齿过渡到刀刃着冰,后外曲线滑出;

(4)用同样方法、相反姿势进行右脚起跳。

图 9-4-3

四、后外结环一周跳

后外结环一周跳的动作方法(见图9-4-4)是：

(1)右脚起跳,左脚滑前外"3"字步；

(2)换足滑右脚后外曲线,右膝深屈,浮腿在前,与滑腿交叉,左臂在前,右臂在后；

(3)起跳时滑腿用力蹬直,浮腿及两臂由下向上摆振,身体腾空后向左转体360度；

(4)落冰时右脚由刀齿过渡到刀刃着冰,后外曲线滑出；

(5)用同样方法、相反姿势进行左脚起跳。

图 9-4-4

五、后外点冰一周跳

后外点冰一周跳的动作方法（见图9-4-5）是：

（1）左脚起跳，左脚滑前内"3"字步；

（2）左脚变左后外曲线滑行，右脚放在滑线上，左腿屈膝，左肩后拉，右腿自然伸直后引，右臂在前；

（3）起跳时左腿蹬直，右脚用刀齿点冰，左臂由后向前摆，右臂由前向后拉肩转体，腾空后向右转体360°；

（4）落冰时左脚由刀齿过渡到刀刃着冰，后外曲线滑出，浮足朝侧后下方，脚背绷直，向外伸展；

（5）用同样方法、相反姿势进行右脚起跳。

图 9-4-5

六、后内点冰一周跳

后内点冰一周跳的动作方法(见图 9-4-6)是：
(1)左脚起跳,左脚滑前外"3"字步；
(2)左脚变后内曲线滑行,上体保持正直,滑腿略屈,右腿自然伸直,尽量后引,刀齿点冰,左臂在前,右臂在后并拉右肩,防止身体过早转动；
(3)起跳时头向左转,拉左肩,左臂由前经体侧后引,右臂由后向前摆,使身体腾空后向左转体 360°；
(4)落冰时右脚由刀齿过渡到刀刃着冰,后外曲线滑出；
(5)用同样方法、相反姿势进行右脚起跳。

图 9-4-6

七、外勾一周跳

外勾一周跳的动作方法（见图 9-4-7）是：
(1) 向左转体，左脚滑后外曲线；
(2) 身体重心倾向圆内，滑腿深屈，左臂在前，右臂在后，右腿自然伸直后引；
(3) 起跳时蹬直滑腿，浮足用刀齿点冰，左臂由前经体侧向后拉肩，右臂由后向前摆，使身体腾空，向左转体 360°，在空中呈反转姿势；
(4) 落冰时右脚由刀齿过渡到刀刃着冰，后外曲线滑出，浮足侧后方伸出；
(5) 用同样方法、相反姿势进行向右转体外勾一周跳。

图 9-4-7

第五节 旋转

旋转是指身体重心集中在冰刀的某一点或某一支面上,身体纵轴与转轴重合,形成中心稳定的冰上转动,包括双足直立旋转、单足直立旋转、单足直立反旋转和蹲踞旋转等。

一、双足直立旋转

双足直立旋转的动作方法(见图 9-5-1)是:

(1)向左旋转,右脚滑后内曲线,浮足在后远离滑足,浮足同侧臂在前,异侧臂在后,面朝旋转的方向;

(2)右脚用力蹬冰,身体重心移至左脚,左脚滑一个前外"3"字步,后内曲线滑出;

(3)右脚由后摆至前,与左脚呈"八"字形,前内刃着冰,两臂平举;

(4)左臂后引开始旋转,转动后两臂收至胸前加速,结束时两

117

臂打开，左脚后内刃蹬冰，右脚后外刃滑出；
（5）用同样方法、相反姿势向右旋转。

图 9-5-1

二、单足直立旋转

单足直立旋转的动作方法（见图 9-5-2）是：
（1）向左旋转，右脚滑后内曲线，浮足在后远离滑足，浮足同侧臂在前，异侧臂在后，面朝旋转方向；
（2）右脚用力蹬冰，身体重心移至左脚，左脚滑一个前外"3"字步，后内曲线滑行，右腿伸直，由后摆到前，带动身体转动；
（3）两臂侧举，待重心稳定，两臂和浮足靠拢，身体加快转动；
（4）旋转结束，两臂侧举，左脚蹬冰，右脚后外刃滑出；
（5）用同样方法、相反姿势向右旋转。

图 9-5-2

三、单足直立反旋转

单足直立反旋转的动作方法（见图 9-5-3）是：

（1）右脚做后外直立旋转，右脚前内曲线滑行，弧线要短，用冰刀中部，左臂在前，右臂在后，浮足在后；

（2）身体左转滑"3"字步，右脚后外刃着冰，立即旋转，左臂在前，右臂在侧，膝略屈；

（3）旋转开始后，膝伸直，浮腿在滑腿前交叉，浮腿髋外旋，两臂侧平举，左肩略高，逐渐把两臂收抱胸前，加快转速；

（4）旋转还保持一定速度时，滑足外刃蹬冰，浮足内刃着冰，向后滑出，右臂在前，左臂在后，浮腿在后；

（5）用同样方法、相反姿势进行左脚后外直立旋转。

图 9-5-3

四、蹲踞旋转

蹲踞旋转的动作方法(见图 9-5-4)是:

(1)准备动作同单足直立旋转,向右旋转,左脚蹬冰,右脚前外刃深屈膝滑出,浮腿尽量伸直;

(2)右脚滑前外"3"字步,后内曲线滑出,浮腿尽快经体侧摆至滑足前,带动身体旋转,同时滑腿下蹲;

(3)结束动作可由蹲转起立,变单足直立旋转,也可由蹲转直接换足滑出;

(4)用同样方法、相反姿势进行向左旋转。

图 9-5-4

第十章 双人花样滑冰技术

　　双人花样滑冰是由男、女构成一组,在音乐伴奏下,两人密切配合,按一定的联结方式,共同完成一套动作。双人花样滑冰技术包括联结方式、托举动作、捻转托举、抛跳、螺旋线和双人旋转等。

第一节 联结方式

双人花样滑冰在做双人滑动作时,都要以不同的联结方式来完成,常用的联结方式包括华尔兹式、扶肩托举式、双手扶髋托举式、舞蹈托举式、探戈托举式、单拉手式、双拉手式、交臂双拉手式、基里安式和单臂托举式等。

一、华尔兹式

华尔兹式的动作方法(见图 10-1-1)是:

(1)两人相对站立,男伴左手与女伴右手相握,沿肩部水平方向侧伸,肘部略屈;

(2)女伴左手扶男伴右肩,男伴右手扶女伴后腰;

(3)表演时两人滑行方向相反,如女伴向前滑行,则男伴向后滑行。

图 10-1-1

二、扶肩托举式

扶肩托举式的动作方法（见图10-1-2）是：
（1）男女相对站立，男伴左手与女伴右手相握；
（2）女伴左手扶男伴右肩，臂伸直，男伴右手扶女伴左腋下；
（3）表演时两人滑行方向相反。

图 10-1-2

三、双手扶髋托举式

双手扶髋托举式的动作方法（见图10-1-3）是：
（1）男女相对站立，女伴双手扶男伴双肩，两臂伸直；
（2）男伴双手扶在女伴双髋；
（3）表演时两人滑行方向相反。

图 10-1-3

四、舞蹈托举式

舞蹈托举式的动作方法（见图10-1-4）是：
(1) 男女面向同一方向，男伴左手与女伴右手在身前相握；
(2) 女伴左臂略屈，左手扶男伴右肩；
(3) 男伴右臂略屈，右手扶女伴左腋下；
(4) 表演时两人滑行方向相同，同时向前或同时向后滑行。

图10-1-4

五、探戈托举式

探戈托举式的动作方法（见图10-1-5）是：
(1) 男女面向同一方向，男伴左手与女伴右手在身前相握；
(2) 女伴左臂略屈，左手扶男伴右肩；
(3) 男伴右臂扶女伴后腰；
(4) 表演时两人滑行方向相同。

图 10-1-5

六、单拉手式

单拉手式的动作方法(见图 10-1-6)是：
(1)两人面向同一方向，相邻臂伸直，两手相握；
(2)表演时两人滑行方向相同。

图 10-1-6

七、双拉手式

双拉手式的动作方法(见图 10-1-7)是：
(1)两人可以面对面两手相握，也可以女伴背对男伴；
(2)两臂伸直，两人的同侧手相握；

(3)表演时两人滑行方向可以相同,也可以相反。

图 10-1-7

八、交臂双拉手式

交臂双拉手式的动作方法(见图10-1-8)是:

(1)两人面对面时,男伴右手在上,与女伴右手相握,男伴左手在下,与女伴左手相握;

(2)如两人面向同一方向,则男伴右手在前,与女伴右手相握(女伴右臂弯曲),男伴左臂弯曲,与女伴伸直臂的左手相握。

(3)表演时两人滑行方向可以相同,也可以相反。

图 10-1-8

九、基里安式

基里安式的动作方法(见图10-1-9)是:

(1)两人面向同一方向,男伴站在女伴左后方,两人左手相握,伸向左前方;

(2)男伴右手扶女伴右髋,女伴右臂弯曲,肘部向侧方,右手扶男伴右手;

(3)如女伴站在男伴左前方,联结方式和姿势正好相反,称反基里安式,无论哪种基里安式,两人滑行方向都相同。

图 10-1-9

十、单臂托举式

单臂托举式的动作方法(见图 10-1-10)是:
(1)两人面向同一方向,男伴左手与女伴左手相握;
(2)男伴右手扶女伴左腋下,女伴右臂自然向侧前方伸展;
(3)表演时两人滑行方向相同。

图 10-1-10

第二节 托举动作

托举动作是指两人在滑行中,以上述某一种联结方式,男伴将女伴托起至空中,完成转体动作,再落到冰上的一系列连续动作,包括勾手托举、菲利普托举、华尔兹托举、结环托举、双臂托举、单臂托举、交臂拉索托举、单臂扶髋托举和盘状托举等。

一、勾手托举

勾手托举的动作方法(见图10-2-1)是:

(1)女伴左脚后外刃,右脚点冰起跳,男伴双脚向后滑行采用舞蹈托举式将女伴托起;

(2)空中转体一周、两周或三周;

(3)女伴右脚后外刃落冰,男伴双脚向后滑行。

图10-2-1

二、菲利普托举

菲利普托举的动作方法(见图10-2-2)是:

(1)女伴左脚后内刃,右脚点冰起跳,男伴双脚向前滑行,采用扶肩托举式将女伴托起;
　　(2)空中转体一周、两周或三周;
　　(3)女伴右脚后外刃落冰,男伴双脚向后滑行。

图 10-2-2

三、华尔兹托举

　　华尔兹托举的动作方法(见图 10-2-3)是:
　　(1)女伴左脚前外刃起跳,男伴双脚向后滑行,采用华尔兹托举式将女伴托起;
　　(2)空中转体半周、一周半或两周半;
　　(3)女伴右脚后外刃落冰,男伴单脚或双脚向前滑行。

图 10-2-3

四、结环托举

结环托举的动作方法(见图 10-2-4)是:
(1)女伴右脚后外刃起跳,男伴双脚向后滑行,采用女背面对男面部的双手联结式将女伴托起;
(2)空中转体一周、两周或三周;
(3)女伴右脚后外刃落冰,男伴右脚后外刃滑行。

图 10-2-4

五、双臂托举

双臂托举的动作方法(见图 10-2-5)是:
(1)女伴双脚前滑平刃起跳,男伴双脚后滑,采用面对面、手拉手式将女伴托起;
(2)空中转体半周、一周半或两周半;
(3)女伴右脚后外刃落冰,男伴单脚或双脚向前滑行。

图 10-2-5

六、单臂托举

单臂托举的动作方法（见图 10-2-6）是：
（1）女伴双脚向前滑行平刃起跳，男伴双脚向后滑行，采用面对面、手拉手式将女伴托起后呈单臂托起姿势；
（2）空中转体一周半、两周半或三周半；
（3）女伴右脚后外刃落冰，男伴单脚或双脚向前滑行。

图 10-2-6

七、交臂拉索托举

交臂拉索托举的动作方法（见图 10-2-7）是：
（1）女伴前外刃或点冰起跳，男伴双脚向前滑行；

(2)空中转体一周、两周或三周；
(3)女伴右脚后外刃落冰，男伴双脚或单脚向前滑行。

图 10-2-7

八、单臂扶髋托举

单臂扶髋托举的动作方法(见图 10-2-8)是：
(1)女伴右脚后内刃点冰起跳，男伴双脚向后滑行，采用单臂扶髋式将女伴托起；
(2)空中转体一周、两周或三周；
(3)女伴右脚后外刃落冰，男伴双脚或单脚向前滑行。

图 10-2-8

九、盘状托举

盘状托举的动作方法（见图10-2-9）是：

（1）女伴双脚起跳，男伴双脚向后滑行，采用面对面、双手扶髋式将女伴托起；

（2）空中转体半周、一周半或两周半；

（3）女伴右脚后外刃落冰，男伴双脚或单脚向前滑行。

图10-2-9

第三节 捻转托举

捻转托举是指女伴在托举中借助男伴双手捻动，在空中完成纵轴转体，并由男伴协助平稳落冰的连续动作，与托举动作的根本不同在于捻动后、落冰前的瞬间，女伴脱离男伴，自行在空中完成转体动作，包括勾手捻转托举和单臂扶髋捻转托举等。

一、勾手捻转托举

勾手捻转托举的动作方法（见图10-3-1）是：

133

（1）女伴左脚后外刃或平刃，右脚点冰起跳，男伴双脚向后滑行，采用女伴背对男伴、双手扶髋托举式将女伴托起；

（2）空中转体一周、两周或三周；

（3）女伴右脚后外刃落冰。

图 10-3-1

二、单臂扶髋捻转托举

单臂扶髋捻转托举的动作方法（见图 10-3-2）是：

（1）女伴右脚后内刃点冰起跳，男伴双脚向后滑行，采用单臂扶髋式将女伴托起；

（2）空中转体一周或两周；

（3）女伴右脚后外刃落冰，男伴双脚或单脚向前滑行。

图 10-3-2

第四节 抛跳

抛跳是指在滑行中男伴将女伴抛向空中，女伴在空中完成转体，自行落冰的连续动作，包括一周半抛跳、后内结环抛跳、后外结环抛跳和后外点冰抛跳等。

一、一周半抛跳

一周半抛跳的动作方法（见图 10-4-1）是：
（1）女伴左脚前外刃起跳，男伴采用华尔兹式将女伴抛起；
（2）空中转体一周半；
（3）右脚后外刃落冰。

图 10-4-1

二、后内结环抛跳

后内结环抛跳的动作方法（见图 10-4-2）是：
（1）女伴左脚后内刃起跳，男伴采用基里安式将女伴抛起；
（2）空中转体一周、两周或三周；

(3)女伴右脚后外刃落冰。

图 10-4-2

三、后外结环抛跳

后外结环抛跳的动作方法（见图 10-4-3）是：
(1)女伴右脚后外刃起跳，男伴采用女背对男面部、男伴双手扶髋托举式将女伴抛起；
(2)空中转体一周、两周或三周；
(3)女伴右脚后外刃落冰。

图 10-4-3

四、后外点冰抛跳

后外点冰抛跳的动作方法（见图 10-4-4）是：
(1)女伴右脚后外刃点冰起跳，男伴采用女背对男面部、男伴双手扶髋托举式将女伴抛起；

（2）空中转体一周、两周或三周；

（3）女伴右脚后外刃落冰。

图 10-4-4

第五节 螺旋线

螺旋线是指男伴和女伴有一只手互相牵拉，女伴在男伴协助下，滑行中身体向侧方或后方弯曲呈弓状，用刀刃不同部位绕男伴滑行的动作，包括前内刃螺旋线、后内刃螺旋线和后外螺旋线等。

一、前内刃螺旋线

前内刃螺旋线的动作方法（见图 10-5-1）是：

（1）女伴用前内刃滑行；

（2）男伴呈规尺状滑行姿势；

（3）采用单拉手式（男右女右）联结。

图 10-5-1

二、后内刃螺旋线

后内刃螺旋线的动作方法(见图 10-5-2)是：
(1)女伴用后内刃滑行；
(2)男伴呈规尺状滑行姿势；
(3)采用单拉手式(男右女右)联结。

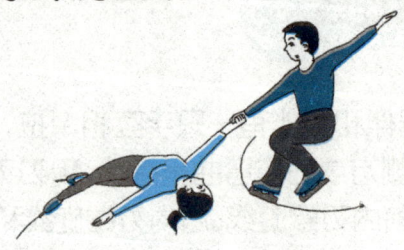

图 10-5-2

三、后外螺旋线

后外螺旋线的动作方法(见图 10-5-3)是：
(1)女伴用后外刃滑行；
(2)男伴呈规尺状滑行姿势；
(3)采用单拉手式(男右女右)联结。

图 10-5-3

第六节 双人旋转

双人旋转是指男女伴之间以不同方式连接，围绕同一中心进行旋转的动作，包括华尔兹双人直立旋转、华尔兹双人蹲踞旋转、双人平行蹲踞旋转、探戈式双人燕式旋转和扶腰双人燕式旋转等。

一、华尔兹双人直立旋转

华尔兹双人直立旋转的动作方法（见图10-6-1）是：
（1）男伴左脚后内（或右后外）刃旋转；
（2）女伴左脚后内（或右后外）刃旋转；
（3）采用华尔兹式联结。

图 10-6-1

二、华尔兹双人蹲踞旋转

华尔兹双人蹲踞旋转的动作方法（见图 10-6-2）是：
(1) 男伴和女伴均为左脚后内（或右脚后外）刃旋转；
(2) 采用华尔兹式联结。

图 10-6-2

三、双人平行蹲踞旋转

双人平行蹲踞旋转的动作方法（见图 10-6-3）是：
(1) 男伴左脚后内刃（右腿向前伸）旋转；
(2) 女伴右脚后外刃（左腿向后伸）旋转；
(3) 采用华尔兹式联结。

图 10-6-3

四、探戈式双人燕式旋转

探戈式双人燕式旋转的动作方法（见图10-6-4）是：
(1)男伴左脚后内刃旋转；
(2)女伴右脚后内刃旋转；
(3)采用探戈式联结。

图10-6-4

五、扶腰双人燕式旋转

扶腰双人燕式旋转的动作方法（见图10-6-5）是：
(1)男伴左脚后内刃旋转；
(2)女伴右脚前内刃旋转；
(3)采用男伴和女伴头对脚扶腰式联结。

速度滑冰花样滑冰

图 10-6-5

第十一章 花样滑冰比赛规则

　　花样滑冰比赛的组织与裁判是一项复杂而细致的工作。为保证比赛的顺利进行，运动员要遵守比赛程序，积极配合裁判员的工作；裁判员要忠于职守，尽心尽职。

第一节 程序

比赛程序是保证比赛顺利进行的关键要素之一，是每个运动员都必须遵守的准则。

一、比赛时间

1. 单人滑
(1) 成年组：男子 4 分半钟，女子 4 分钟；
(2) 少年甲组：男子 4 分钟，女子 3 分半钟；
(3) 少年乙组：男子 3 分半钟，女子 3 分钟；
(4) 少年丙组：男子 3 分钟，女子 3 分钟。
2. 双人滑
(1) 成年组：4 分半钟；
(2) 少年组：4 分钟。

二、比赛方法

比赛程序包括以下内容：

（一）单人滑

单人滑规定男、女必须分别进行比赛，短节目必须在自由滑行之前滑行，但不得在同一天。

(二)双人滑

短节目必须在自由滑行之前滑行,但不得在同一天进行。

第二节 裁判

学习和了解裁判方法,对于我们掌握裁判员的判罚尺度,提高比赛成绩,合理有效地运用规则会有很大的帮助。

一、裁判员

(一)裁判组

每个裁判组应包括:裁判长1人,副裁判长1人,裁判员7人(或9人),替补裁判员1人,记录计时长1人,检录员1人,记分员2人,计时报分员1人,共计15人(或17人)。

(二)总记录组

总分记录组包括:总记录长1人,总记录员4人,联络员1人,共计6人。

二、评分

(一)评分等级

(1) 0 分:没滑;
(2) 1 分:很不好;
(3) 2 分:不好;
(4) 3 分:一般;
(5) 4 分:好;
(6) 5 分:很好;
(7) 6 分:完美无缺。

(二)成绩计算

针对每名运动员,需要准备两张记分卡片,两名记分员各负责一张记分卡并独立进行记分。运动员的所有得分由记分员记在记分卡上并尽快进行核对。

(1)短节目的规定动作分和表演分相加即为运动员的所得分数。自由滑的技术水平分和艺术印象分相加即为运动员所得分;

(2)在双人滑比赛中,短节目的比赛分和表演分相加即为运动员所得的分数。自由滑的技术水平分和艺术印象分相加所得分数即为运动员的所得分数。

三、规则

规则是指导竞赛和评分的核心部分,主要包括比赛项目中各

单项竞赛的具体内容,如动作名称、技术要求、数量要求、评分标准、裁判方法和扣分标准等。下面简单介绍一下单人花样滑冰和双人花样滑冰的一些基本规则。

(一)单人花样滑冰

单人花样滑冰包括男子单人滑和女子单人滑两项。除规定的某些技术动作男、女选手之间略有不同外,有关规则要求基本一致。男、女单人花样滑冰各有两个竞赛项目,即单人滑短节目和单人自由滑。

1.单人滑短节目

单人滑短节目是选手在自选音乐的伴奏下,在规定的时间内(一般为2分40秒)做规定的8个动作,规定动作包括跳跃(2个)、联合跳跃(1个)、旋转(1个)、跳接旋转(1个)、联合旋转(1个)和接续步(2个)。

评价单人滑短节目水平时,要从规定动作完成和表演情况两个方面评定,裁判员要给选手的表演两个分数,即规定动作分和表演分。

(1)规定动作分包括以下内容:

①跳跃动作的高度、远度、技术、起跳和落冰动作的利落程度;

②联合跳跃的两个跳跃动作的难度和完成情况;

③旋转动作的力量、旋转中心、控制能力、旋转周数、旋转动作姿势、旋转速度等情况;

④跳接旋转中跳的高度、空中姿势和旋转动作完成情况;

⑤接续步和步法中所用步法的难度、姿势、滑行流畅性和稳定性、步法与音乐风格特点的一致性等。

（2）表演分包括以下内容：

①整套内容编排的协调性和均衡性，并与所选音乐的配合情况；

②步法的难度；

③滑行速度；

④整个冰面的利用情况；

⑤动作轻松稳定以及与音乐节奏的一致情况；

⑥姿势和风格；

⑦独创性；

⑧音乐风格特点的表达。

（3）判罚：

①单人滑短节目在时间上不得超过2分钟，但在完成所有规定的动作的条件下，时间不足是可以的，超过允许时间的额外动作不予以评分；

②非规定动作或重复的动作，甚至失误的动作不予评分；

③在连续步法中，不超过半周的小跳动作是允许的；

④任何一个转动或旋转动作超过一周以上应考虑是附加动作，必须予以扣分。

2.单人自由滑

单人自由滑是指选手在规定的时间内（男女选手不同，不同年龄组也可以不同），在自选音乐的伴奏下，自由地做各种冰上技术动作，如跳跃、联合跳跃、旋转、联合旋转、接续步、自由滑动作和连接步法等的一整套表演动作。单人自由滑主要从两个方面进行评价，即技术水平和艺术印象。

（1）技术水平：

①动作的难度（失败动作不包括在内）；
②动作的多样性；
③动作的熟练性和稳定性。
（2）艺术印象分：
①整套自由滑内容编排的协调性和均衡性，以及与所选音乐的配合情况；
②冰面的利用情况；
③动作的轻松与稳定性，以及与音乐节奏的一致性；
④姿势；
⑤独创性；
⑥音乐风格特点的表达。
（3）判罚：
①就跳跃而言（包括点冰跳），必须特别注意起跳利落和干净落冰；任何双脚起跳和落冰，裁判员不予评分；旋转必须注意平稳地开始、稳定的旋转中心和有控制的令人满意的结束动作；
②一个动作由于跌倒而失败不予评分，无意识地触冰必须根据它的严重程度在评分中有所反映，一次跌倒对运动员来讲并不妨碍其取胜，如果这一跌倒影响了编排的协调性，那么也要在艺术印象分中有所反映；
③不必要的和过长的双足滑行必须扣分，跟斗型的跳跃是禁止的，必须扣分；
④重复的单人自由滑动作（如：跳跃、旋转、连续步）在技术分中不予评分，联合动作需给分；
⑤在技术水平评分时还应考虑到滑行和步法的难度、多样化，也应注意自由滑中跳跃、旋转、步法及其他连接动作的数量的均衡

性,如果只有一两个动作组成的自由滑,必须给低分。

(二)双人花样滑冰

双人花样滑冰必须由一男一女共同组成一对进行表演。它包括双人滑短节目和双人自由滑两个竞赛项目。

1.双人滑短节目

双人滑短节目是指在自选音乐的伴奏下,二人互相配合共同完成8个规定动作,时间为2分40秒。8个规定动作包括:托举(1个)、捻转托举(1个)、单人跳跃动作(1个)、螺旋线(1个)、单人旋转或跳接旋转(1个)、双人联合旋转(1个)和接续步(2个)等。对双人滑短节目要评规定动作分和表演分。这两个分数要求内容与单人滑短节目相同,只是对二人在滑行和做动作时互相配合的协调一致性也要进行评价。

双人滑短节目的具体判罚标准如下:

(1)双人滑短节目不得超过2分15秒,但在完成所有动作的前提下,时间可以短些;

(2)不必要的延长短节目时间所允许的最大限度,不予以额外评分;

(3)运动员自选音乐,连接步是允许的,必须给予评分,但对这类步法必须限制在把规定动作连接在一起的所需的最低限度内;

(4)附加动作或者重复动作,以及失败动作,在规定动作中必须予以扣分,但在连续步中不超过半周的小跳动作是允许的;

(5)在单人跳跃中必须按照每个同伴完成动作的价值给予评分。

2. 双人自由滑

双人自由滑是二人在自选音乐伴奏下,在规定的时间内(成年组 4 分 30 秒、少年组 4 分),在冰上自由地滑行。他们所做动作应包括托举、捻转托举、抛跳、单人跳、双人旋转或双人联合旋转、单人旋转、螺旋线、双人接续步和其他双人自由滑动作等。在评价双人自由滑时,按技术水平和艺术印象评分,其要求内容与单人自由滑相同。

总结一下双人花样滑冰与单人花样滑冰的最大不同是:双人花样滑冰应着重于双人动作,尤其是二人动作的协调一致性和身材比例,如果男女身材比例很不协调,那么裁判员会给予适当扣分。此外,双人花样滑冰正式比赛中有很多动作是禁止做的,如无转体的原地托举动作,女伴在男伴肩、膝或背部冰刀离开冰面的动作,女伴跳向男伴的动作,超过一周半的小托举,男伴抓女伴手、脚、腿或颈部在空中旋转的动作等。如果在双人自由滑中出现此类动作,就要对其技术水平和艺术印象进行扣分,这是双人自由滑正式比赛与一般娱乐性表演的根本区别。

双人自由滑的具体判罚如下:

(1)一个动作由于跌倒而失败不予评分;

(2)不必要的和过长的双足滑行必须扣分,跟斗型的跳跃是禁止的,不许扣分;

(3)重复的自由滑动作,如跳跃、旋转、连续不在技术分中不予评分,要是联合动作需给分;

(4)就跳跃而言,任何双脚起跳落冰,裁判员不予评分;

(5)在技术水平评分时,还应考虑滑行和步法的难度、多样化,也应注意自由滑中,跳跃、旋转、步法和其他连接动作的数量的均衡性,如果只有一个动作组成的双人自由滑,则必须给予低分。